# And Suddenly Life Got Busy!

**ISBN**

Hardcover: 978-1-967668-41-0

Paperback: 978-1-967668-42-7

# Dedication

This journal is dedicated to those who have faced loss, uncertainty, and moments of feeling lost in life's chaos. To the ones who are searching for clarity, strength, or simply a place to be heard—this is for you.

To my brother, whose memory reminds me to cherish every moment. To my family and friends, who stood by me when the weight of grief and hardship felt unbearable. And to every person who has ever had to rebuild, may you find healing in your own words, just as I have.

May this journal be your safe space, your guide, and your reminder that even in the darkest times, you hold the power to write your own path forward.

# Acknowledgment

First and foremost, I want to express my deepest gratitude to my family and friends who stood by me through my darkest moments. Your unwavering love, encouragement, and support helped me find the strength to keep going. Whether it was a listening ear, a comforting word, or simply being present, you played a crucial role in my healing journey.

To my beloved sisters—your strength, love, and guidance have been a source of comfort through life's challenges. You have stood beside me in my toughest moments, reminding me that I am never alone. Your words of encouragement and acts of kindness have meant more than I can ever express.

To my children—you are my greatest motivation and my deepest source of joy. Your love and resilience inspire me every day. Even in the midst of uncertainty and hardship, you have given me a reason to keep pushing forward. Watching you grow and thrive has been a light in my darkest times.

To my entire family—your support, prayers, and unwavering belief in me have carried me through some of the most difficult moments of my life. Whether through words of encouragement, a shoulder to lean on, or simply reminding me of my strength, you have played an essential role in my healing and growth.

To my brother, whose memory continues to inspire me—I carry you with me always. Your spirit reminds me to live fully and cherish every moment.

To those who reminded me of my resilience when I felt lost, thank you. Your belief in me gave me the courage to reclaim my path.

And to you, the reader—thank you for allowing me to share my journey. I hope this journal brings you the same comfort, clarity, and empowerment that it has given me.

# CONTENT

# About the Author

I am currently a Special Education Teacher. As a devoted mother of two sons, I find joy in exploring new places, which inspired my career as a travel agent. This role allows me to blend my love for traveling with my professional skills. I am also a certified notary and tax preparer, showcasing my versatility and commitment to serving others in various capacities.

With a strong background in human resource management, customer service, and special education, I have developed a unique blend of skills. I hold a Master's degree in Business Administration and a Master's degree in Special Education. My deep passion for and commitment to supporting children and adults with special needs inspired me to pursue a career in Special Education.

In 2022, I was honored with the North Carolina Teaching Fellows Scholarship, recognizing my dedication to education and excellence in teaching. Furthermore, I am a certified Rethink Education Facilitator, reflecting my commitment to adopting innovative approaches in education. Whether through professional roles or personal pursuits, I strive to make a meaningful impact and continually seek ways to grow and contribute.

# Preface

I first began writing in a journal as a teenager to help deal with anxiety. It was my safe space, a way to process emotions and navigate the ups and downs of daily life. Putting my thoughts on paper gave me clarity and a sense of control, helping to ease my mental stress. However, as I entered adulthood, journaling became a thing of the past. Life got busier, and like many, I became consumed by social media and trends, replacing self-reflection with scrolling and quick distractions.

Then, two tragic life events changed everything. In 2018, I lost my brother in a horrific accident. The grief was overwhelming, but I pushed forward, trying to keep life moving. Then, on August 12, 2023, another devastating blow struck—I lost my home and everything inside it due to an electrical fire. One moment, I had a roof over my head, and within minutes, everything was gone. In that moment, I felt numb. My family and friends were there for me, offering support and listening when I needed to talk, cry, or even shout. But as days passed, I found myself stuck in that moment, replaying it over and over.

People often say, "Get over it" or "Move on," but until you experience that kind of loss, you can never truly understand its impact. While life continued around me, I felt trapped in my grief, my anxiety growing stronger. I had to keep going—I was still a mom, a teacher, a friend, a sister, a daughter helping to care for my parents. I played so many roles in the lives of others, yet I felt like I was losing myself. Temporarily living with my mother, I struggled to figure out my next steps. I needed an outlet, a space where I could express myself freely without fear of overwhelming those around me.

That's when it hit me—go back to what you used to do. Journal.

The very next day, I bought a plain notebook and started writing. I poured my thoughts onto the pages, releasing emotions I had bottled up for so long. Almost immediately, I felt a sense of relief. As I continued writing, my journal became more than just a space for emotions—it became a tool for rebuilding my life. I created sections for goals, both long-term and short-term. I made a budget. I wrote an action plan to regain homeownership. My journal became a roadmap for healing and progress, a reminder that even in the darkest moments, I still had control over my future.

Journaling has given me clarity, direction, and a renewed sense of purpose. I am still healing, but each day, life gets a little better.

To those who have supported me along this journey—thank you from the bottom of my heart. And to you, the reader, I hope this journal serves as a space for your own healing, growth, and organization. Whether you use it to process emotions, set goals, or simply plan your days, may it bring you the same clarity and strength it has brought me.

# Getting Started with Journaling

Journaling is more than just writing down thoughts—it's a powerful tool for self-reflection, healing, and growth. Whether you're looking to process emotions, set goals, or simply organize your thoughts, a journal provides a judgment-free space to express yourself freely.

When I returned to journaling during one of the most challenging times of my life, I discovered its ability to help me release emotions, clear my mind, and regain focus. The beauty of journaling is that there's no right or wrong way to do it. It can be as structured or as free-flowing as you need it to be.

If you're new to journaling or unsure where to start, here are a few simple ways to begin:

- **Daily Reflection:** Write about your day, how you felt, and what stood out to you.
- **Gratitude List:** Focus on the positives by listing things you're thankful for.
- **Goal Setting:** Use your journal to set and track personal, financial, or career goals.
- **Free Writing:** Let your thoughts flow without worrying about grammar or structure.

Your journal is your personal space—make it work for you. Whether you write every day or just when you need clarity, the important thing is to start. Over time, you may find that journaling becomes not just a habit but a lifeline that helps guide you through life's ups and downs.

So, grab your pen, turn the page, and begin your journey. This space is yours.

# THIS JOURNAL IS OWNED BY

○ Mr    ○ Mrs    ○ Miss

## IF FOUND, PLEASE RETURN

| THERE ○ IS ○ ISN'T |
| A HANDSOME AWARD WAITING |
| EITHER WAY, DO THE RIGHT THING |

## RECORD FOR ARCHIVES

| START DATE | |
| COMPLETION DATE | |
| LOCATION | |

## RETURN ADDRESS

| ADDRESS | |
| | |
| CITY | |
| COUNTRY | |

## CONTENTS OF THIS JOURNAL

# January

Date:_____                          Day:_____

## TOP PRIORITY TASKS

- _____
- _____
- _____
- _____
- _____
- _____
- _____
- _____
- _____
- _____

"THE ONLY TRUE WISDOM IS IN
KNOWING YOU KNOW NOTHING."

*- SOCRATES -*

## TODAY, I AM GRATEFUL FOR...

_____

_____

_____

_____

## NOTES

_____
_____
_____
_____
_____
_____
_____
_____

## TASKS OF THE DAY

- _____
- _____
- _____
- _____
- _____
- _____
- _____
- _____
- _____
- _____

How productive were you today?   | 1 | 2 | 3 | 4 | 5 |

Date:_____                     Day:_____

## TOP PRIORITY TASKS

- _____
- _____
- _____
- _____
- _____
- _____
- _____
- _____
- _____
- _____

> "HE WHO HAS A WHY TO LIVE
> CAN BEAR ALMOST ANY HOW."
>
> *- FRIEDRICH NIETZSCHE -*

## TODAY, I AM GRATEFUL FOR...

_____

_____

_____

_____

## NOTES

_____

_____

_____

_____

_____

_____

_____

_____

How productive were you today?   | 1 | 2 | 3 | 4 | 5 |

## TASKS OF THE DAY

- _____
- _____
- _____
- _____
- _____
- _____
- _____
- _____
- _____

Date:_____                          Day:_____

## TOP PRIORITY TASKS

- _____
- _____
- _____
- _____
- _____
- _____
- _____
- _____
- _____
- _____

*"CHANGE YOUR LIFE TODAY. DON'T GAMBLE ON THE FUTURE, ACT NOW, WITHOUT DELAY."*

*~ SIMONE DE BEAUVOIR ~*

## TODAY, I AM GRATEFUL FOR...

_____

_____

_____

_____

_____

## NOTES

_____
_____
_____
_____
_____
_____
_____
_____

How productive were you today?   | 1 | 2 | 3 | 4 | 5 |

## TASKS OF THE DAY

- _____
- _____
- _____
- _____
- _____
- _____
- _____
- _____
- _____
- _____

Date:_____          Day:_____

## TOP PRIORITY TASKS

- _____
- _____
- _____
- _____
- _____
- _____
- _____
- _____
- _____
- _____

"THE MOST RADICAL
REVOLUTIONARY WILL BECOME
A CONSERVATIVE THE DAY AFTER
THE REVOLUTION."

*- HANNAH ARENDT -*

## TODAY, I AM GRATEFUL FOR...

_____

_____

_____

_____

## NOTES

_____
_____
_____
_____
_____
_____
_____
_____

How productive were you today?   | 1 | 2 | 3 | 4 | 5 |

## TASKS OF THE DAY

- _____
- _____
- _____
- _____
- _____
- _____
- _____
- _____
- _____
- _____

Date:_____          Day:_____

## TOP PRIORITY TASKS

- _____
- _____
- _____
- _____
- _____
- _____
- _____
- _____
- _____
- _____

> "A WISE MAN PROPORTIONS HIS
> BELIEF TO THE EVIDENCE."
>
> *- DAVID HUME -*

## TODAY, I AM GRATEFUL FOR..

_____

_____

_____

_____

_____

## NOTES

_____

_____

_____

_____

_____

_____

_____

_____

How productive were you today?   | 1 | 2 | 3 | 4 | 5 |

## TASKS OF THE DAY

- _____
- _____
- _____
- _____
- _____
- _____
- _____
- _____
- _____
- _____

Date:_____          Day:_____

## TOP PRIORITY TASKS

- _____
- _____
- _____
- _____
- _____
- _____
- _____
- _____
- _____
- _____

## TODAY, I AM GRATEFUL FOR...

_____
_____
_____
_____
_____

## NOTES

_____
_____
_____
_____
_____
_____
_____
_____

How productive were you today?   | 1 | 2 | 3 | 4 | 5 |

## TASKS OF THE DAY

- _____
- _____
- _____
- _____
- _____
- _____
- _____
- _____
- _____
- _____

Date:_____ Day:_____

## TOP PRIORITY TASKS

- _____
- _____
- _____
- _____
- _____
- _____
- _____
- _____
- _____
- _____

*"SUCCESS IS NOT FINAL, FAILURE IS NOT FATAL: IT IS THE COURAGE TO CONTINUE THAT COUNTS."*

*- WINSTON CHURCHILL -*

## TODAY, I AM GRATEFUL FOR...

_____
_____
_____
_____

## NOTES

_____
_____
_____
_____
_____
_____
_____
_____

How productive were you today? | 1 | 2 | 3 | 4 | 5 |

## TASKS OF THE DAY

- _____
- _____
- _____
- _____
- _____
- _____
- _____
- _____
- _____
- _____

Date:_____          Day:_____

## TOP PRIORITY TASKS

- _____
- _____
- _____
- _____
- _____
- _____
- _____
- _____
- _____
- _____

"LOOK AT THE WORLD AS IT IS, BUT
DO NOT ACCEPT IT."

*- ANGELA MERKEL -*

## TODAY, I AM GRATEFUL FOR...

_____
_____
_____
_____

## NOTES

_____
_____
_____
_____
_____
_____
_____
_____
_____

How productive were you today?   | 1 | 2 | 3 | 4 | 5 |

## TASKS OF THE DAY

- _____
- _____
- _____
- _____
- _____
- _____
- _____
- _____
- _____
- _____

Date:_____                Day:_____

## TOP PRIORITY TASKS

- _____
- _____
- _____
- _____
- _____
- _____
- _____
- _____
- _____
- _____

"THE BEST WAY TO NOT FEEL
HOPELESS IS TO GET UP AND DO
SOMETHING."

*~ BARACK OBAMA ~*

## TODAY, I AM GRATEFUL FOR...

_____

_____

_____

_____

## NOTES

_____

_____

_____

_____

_____

_____

_____

_____

How productive were you today?   | 1 | 2 | 3 | 4 | 5 |

## TASKS OF THE DAY

- _____
- _____
- _____
- _____
- _____
- _____
- _____
- _____
- _____
- _____

Date:_____          Day:_____

## TOP PRIORITY TASKS

- _____
- _____
- _____
- _____
- _____
- _____
- _____
- _____
- _____
- _____

## TODAY, I AM GRATEFUL FOR...

_____
_____
_____
_____

## NOTES

_____
_____
_____
_____
_____
_____
_____
_____

How productive were you today?   | 1 | 2 | 3 | 4 | 5 |

## TASKS OF THE DAY

- _____
- _____
- _____
- _____
- _____
- _____
- _____
- _____
- _____
- _____

Date:_____        Day:_____

## TOP PRIORITY TASKS

- _____
- _____
- _____
- _____
- _____
- _____
- _____
- _____
- _____
- _____

*"IN THREE WORDS I CAN SUM UP EVERYTHING I'VE LEARNED ABOUT LIFE: IT GOES ON."*

*- ROBERT FROST -*

## TODAY, I AM GRATEFUL FOR...

_____

_____

_____

_____

_____

## NOTES

_____

_____

_____

_____

_____

_____

_____

_____

How productive were you today?    | 1 | 2 | 3 | 4 | 5 |

## TASKS OF THE DAY

- _____
- _____
- _____
- _____
- _____
- _____
- _____
- _____
- _____
- _____

Date:_____          Day:_____

## TOP PRIORITY TASKS

- _____
- _____
- _____
- _____
- _____
- _____
- _____
- _____
- _____
- _____

"HOPE IS THE THING WITH
FEATHERS THAT PERCHES IN
THE SOUL."

*- EMILY DICKINSON -*

## TODAY, I AM GRATEFUL FOR...

_____

_____

_____

_____

_____

## NOTES

_____
_____
_____
_____
_____
_____
_____
_____

How productive were you today?   | 1 | 2 | 3 | 4 | 5 |

## TASKS OF THE DAY

- _____
- _____
- _____
- _____
- _____
- _____
- _____
- _____
- _____
- _____

Date:_____     Day:_____

## TOP PRIORITY TASKS

- _____
- _____
- _____
- _____
- _____
- _____
- _____
- _____
- _____
- _____

"HOLD FAST TO DREAMS, FOR IF
DREAMS DIE, LIFE IS A BROKEN-
WINGED BIRD THAT CANNOT FLY."

*- LANGSTON HUGHES -*

## TODAY. I AM GRATEFUL FOR..

_____
_____
_____
_____
_____

## NOTES

_____
_____
_____
_____
_____
_____
_____
_____
_____

How productive were you today?    | 1 | 2 | 3 | 4 | 5 |

## TASKS OF THE DAY

- _____
- _____
- _____
- _____
- _____
- _____
- _____
- _____
- _____
- _____

Date:_____          Day:_____

## TOP PRIORITY TASKS

- _____
- _____
- _____
- _____
- _____
- _____
- _____
- _____
- _____
- _____

## TODAY, I AM GRATEFUL FOR...

_____
_____
_____
_____

## NOTES

_____
_____
_____
_____
_____
_____
_____
_____

How productive were you today?   | 1 | 2 | 3 | 4 | 5 |

## TASKS OF THE DAY

- _____
- _____
- _____
- _____
- _____
- _____
- _____
- _____
- _____
- _____

Date:_____          Day:_____

## TOP PRIORITY TASKS

- _____
- _____
- _____
- _____
- _____
- _____
- _____
- _____
- _____
- _____

"BE KIND WHENEVER POSSIBLE.
IT IS ALWAYS POSSIBLE."

*- DALAI LAMA -*

## TODAY, I AM GRATEFUL FOR...

_____
_____
_____
_____

## NOTES

_____
_____
_____
_____
_____
_____
_____
_____

How productive were you today?   | 1 | 2 | 3 | 4 | 5 |

## TASKS OF THE DAY

- _____
- _____
- _____
- _____
- _____
- _____
- _____
- _____
- _____
- _____

Date:_____          Day:_____

## TOP PRIORITY TASKS

- _____
- _____
- _____
- _____
- _____
- _____
- _____
- _____
- _____
- _____

"THERE IS NO WAY TO HAPPINESS —
HAPPINESS IS THE WAY."

*- THICH NHAT HANH -*

## TODAY, I AM GRATEFUL FOR...

_____

_____

_____

_____

_____

## NOTES

_____
_____
_____
_____
_____
_____
_____
_____

How productive were you today?   | 1 | 2 | 3 | 4 | 5 |

## TASKS OF THE DAY

- _____
- _____
- _____
- _____
- _____
- _____
- _____
- _____
- _____
- _____

Date:_____          Day:_____

## TOP PRIORITY TASKS

- _____
- _____
- _____
- _____
- _____
- _____
- _____
- _____
- _____
- _____

"REALIZE DEEPLY THAT THE
PRESENT MOMENT IS ALL YOU
EVER HAVE."

*- ECKHART TOLLE -*

## TODAY, I AM GRATEFUL FOR..

_____
_____
_____
_____

## NOTES

_____
_____
_____
_____
_____
_____
_____
_____
_____

How productive were you today?   | 1 | 2 | 3 | 4 | 5 |

## TASKS OF THE DAY

- _____
- _____
- _____
- _____
- _____
- _____
- _____
- _____
- _____
- _____

Date:_____                    Day:_____

## TOP PRIORITY TASKS

- _____
- _____
- _____
- _____
- _____
- _____
- _____
- _____
- _____
- _____

> "SPREAD LOVE EVERYWHERE YOU GO. LET NO ONE EVER COME TO YOU WITHOUT LEAVING HAPPIER."
>
> *- MOTHER TERESA -*

## TODAY, I AM GRATEFUL FOR...

_____

_____

_____

_____

## NOTES

_____

_____

_____

_____

_____

_____

_____

_____

How productive were you today?   | 1 | 2 | 3 | 4 | 5 |

## TASKS OF THE DAY

- _____
- _____
- _____
- _____
- _____
- _____
- _____
- _____
- _____
- _____

Date:_____          Day:_____

## TOP PRIORITY TASKS

- _____
- _____
- _____
- _____
- _____
- _____
- _____
- _____
- _____
- _____

"HOPE IS BEING ABLE TO SEE
THAT THERE IS LIGHT DESPITE
ALL OF THE DARKNESS."

*~ DESMOND TUTU ~*

## TODAY, I AM GRATEFUL FOR...

_____

_____

_____

_____

## NOTES

_____
_____
_____
_____
_____
_____
_____
_____
_____

How productive were you today?   | 1 | 2 | 3 | 4 | 5 |

## TASKS OF THE DAY

- _____
- _____
- _____
- _____
- _____
- _____
- _____
- _____
- _____
- _____

Date:_____          Day:_____

## TOP PRIORITY TASKS

- _____
- _____
- _____
- _____
- _____
- _____
- _____
- _____
- _____
- _____

*"THE ONLY THING WE HAVE TO*
*FEAR IS FEAR ITSELF."*

*~ FRANKLIN D. ROOSEVELT ~*

## TODAY, I AM GRATEFUL FOR...

_____

_____

_____

_____

_____

## NOTES

_____

_____

_____

_____

_____

_____

_____

_____

How productive were you today?  | 1 | 2 | 3 | 4 | 5 |

## TASKS OF THE DAY

- _____
- _____
- _____
- _____
- _____
- _____
- _____
- _____
- _____
- _____

Date:_____          Day:_____

## TOP PRIORITY TASKS

- _____
- _____
- _____
- _____
- _____
- _____
- _____
- _____
- _____
- _____

*"BEING POWERFUL IS LIKE BEING A LADY. IF YOU HAVE TO TELL PEOPLE YOU ARE, YOU AREN'T."*

*~ MARGARET THATCHER ~*

## TODAY. I AM GRATEFUL FOR...

_____

_____

_____

_____

_____

## NOTES

_____

_____

_____

_____

_____

_____

_____

_____

How productive were you today?   | 1 | 2 | 3 | 4 | 5 |

## TASKS OF THE DAY

- _____
- _____
- _____
- _____
- _____
- _____
- _____
- _____
- _____
- _____

Date:_____                     Day:_____

## TOP PRIORITY TASKS

- _____
- _____
- _____
- _____
- _____
- _____
- _____
- _____
- _____
- _____

"ASK NOT WHAT YOUR COUNTRY
CAN DO FOR YOU – ASK WHAT
YOU CAN DO FOR YOUR COUNTRY."

*- JOHN F. KENNEDY -*

## TODAY, I AM GRATEFUL FOR...

_____

_____

_____

_____

_____

## NOTES

_____
_____
_____
_____
_____
_____
_____
_____

How productive were you today? | 1 | 2 | 3 | 4 | 5 |

## TASKS OF THE DAY

- _____
- _____
- _____
- _____
- _____
- _____
- _____
- _____
- _____
- _____

Date:_____                          Day:_____

## TOP PRIORITY TASKS

- _____
- _____
- _____
- _____
- _____
- _____
- _____
- _____
- _____
- _____

## TODAY, I AM GRATEFUL FOR...

_____
_____
_____
_____

## NOTES

_____
_____
_____
_____
_____
_____
_____
_____

How productive were you today?   | 1 | 2 | 3 | 4 | 5 |

## TASKS OF THE DAY

- _____
- _____
- _____
- _____
- _____
- _____
- _____
- _____
- _____
- _____

Date:_____                    Day:_____

## TOP PRIORITY TASKS

- _____
- _____
- _____
- _____
- _____
- _____
- _____
- _____
- _____
- _____

*"KINDNESS, AND NOT BEING AFRAID TO BE KIND, IS A VERY IMPORTANT PART OF LEADERSHIP."*

*- JACINDA ARDERN -*

## TODAY, I AM GRATEFUL FOR...

_____

_____

_____

_____

## NOTES

_____
_____
_____
_____
_____
_____
_____
_____

How productive were you today?   | 1 | 2 | 3 | 4 | 5 |

## TASKS OF THE DAY

- _____
- _____
- _____
- _____
- _____
- _____
- _____
- _____
- _____

Date:_____     Day:_____

## TOP PRIORITY TASKS

- _____
- _____
- _____
- _____
- _____
- _____
- _____
- _____
- _____
- _____

## TODAY. I AM GRATEFUL FOR..

_____
_____
_____
_____

## NOTES

_____
_____
_____
_____
_____
_____
_____
_____

How productive were you today?   | 1 | 2 | 3 | 4 | 5 |

## TASKS OF THE DAY

- _____
- _____
- _____
- _____
- _____
- _____
- _____
- _____
- _____
- _____

Date:_____          Day:_____

## TOP PRIORITY TASKS

- _____
- _____
- _____
- _____
- _____
- _____
- _____
- _____
- _____
- _____

"STAY HUNGRY, STAY FOOLISH."

*~ STEVE JOBS ~*

## TODAY, I AM GRATEFUL FOR...

_____

_____

_____

_____

## NOTES

_____
_____
_____
_____
_____
_____
_____
_____

How productive were you today?   | 1 | 2 | 3 | 4 | 5 |

## TASKS OF THE DAY

- _____
- _____
- _____
- _____
- _____
- _____
- _____
- _____
- _____

Date:_____　　　　　　　　Day:_____

## TOP PRIORITY TASKS

- _____
- _____
- _____
- _____
- _____
- _____
- _____
- _____
- _____
- _____

"NOTHING IN LIFE IS TO BE FEARED,
IT IS ONLY TO BE UNDERSTOOD."

*- MARIE CURIE -*

## TODAY, I AM GRATEFUL FOR...

_____

_____

_____

_____

_____

## NOTES

_____
_____
_____
_____
_____
_____
_____
_____

How productive were you today?　| 1 | 2 | 3 | 4 | 5 |

## TASKS OF THE DAY

- _____
- _____
- _____
- _____
- _____
- _____
- _____
- _____
- _____
- _____

Date:_____          Day:_____

## TOP PRIORITY TASKS

- _____
- _____
- _____
- _____
- _____
- _____
- _____
- _____
- _____
- _____

"SIMPLICITY IS THE ULTIMATE SOPHISTICATION."

*- LEONARDO DA VINCI -*

## TODAY, I AM GRATEFUL FOR...

_____

_____

_____

_____

## NOTES

_____
_____
_____
_____
_____
_____
_____
_____

How productive were you today?   | 1 | 2 | 3 | 4 | 5 |

## TASKS OF THE DAY

- _____
- _____
- _____
- _____
- _____
- _____
- _____
- _____
- _____
- _____

Date:_____          Day:_____

## TOP PRIORITY TASKS

- _____
- _____
- _____
- _____
- _____
- _____
- _____
- _____
- _____
- _____

## TODAY, I AM GRATEFUL FOR...

_____

_____

_____

_____

_____

## NOTES

_____
_____
_____
_____
_____
_____
_____
_____
_____

How productive were you today?   | 1 | 2 | 3 | 4 | 5 |

## TASKS OF THE DAY

- _____
- _____
- _____
- _____
- _____
- _____
- _____
- _____
- _____
- _____

Date:_____          Day:_____

## TOP PRIORITY TASKS

- _____
- _____
- _____
- _____
- _____
- _____
- _____
- _____
- _____
- _____

## TODAY, I AM GRATEFUL FOR...

_____

_____

_____

_____

_____

## NOTES

_____

_____

_____

_____

_____

_____

_____

_____

How productive were you today?   | 1 | 2 | 3 | 4 | 5 |

## TASKS OF THE DAY

- _____
- _____
- _____
- _____
- _____
- _____
- _____
- _____
- _____

Date:_____

Day:_____

## TOP PRIORITY TASKS

- _____
- _____
- _____
- _____
- _____
- _____
- _____
- _____
- _____
- _____

> "NO PRICE IS TOO HIGH TO PAY FOR THE PRIVILEGE OF OWNING YOURSELF."
>
> *- FRIEDRICH NIETZSCHE -*

## TODAY, I AM GRATEFUL FOR...

_____

_____

_____

_____

_____

## NOTES

_____

_____

_____

_____

_____

_____

_____

_____

How productive were you today?  | 1 | 2 | 3 | 4 | 5 |

## TASKS OF THE DAY

- _____
- _____
- _____
- _____
- _____
- _____
- _____
- _____
- _____
- _____

# February

Date:_____          Day:_____

## TOP PRIORITY TASKS

- _____
- _____
- _____
- _____
- _____
- _____
- _____
- _____
- _____
- _____

"THE ONLY TRUE WISDOM IS IN
KNOWING YOU KNOW NOTHING."
*- SOCRATES -*

## TODAY, I AM GRATEFUL FOR...

_____
_____
_____
_____

## NOTES

_____
_____
_____
_____
_____
_____
_____
_____
_____

How productive were you today?   | 1 | 2 | 3 | 4 | 5 |

## TASKS OF THE DAY

- _____
- _____
- _____
- _____
- _____
- _____
- _____
- _____
- _____
- _____

Date:_____                    Day:_____

## TOP PRIORITY TASKS

- _____
- _____
- _____
- _____
- _____
- _____
- _____
- _____
- _____
- _____

## TODAY, I AM GRATEFUL FOR...

_____
_____
_____
_____
_____

## NOTES

_____
_____
_____
_____
_____
_____
_____
_____
_____

How productive were you today?   | 1 | 2 | 3 | 4 | 5 |

## TASKS OF THE DAY

- _____
- _____
- _____
- _____
- _____
- _____
- _____
- _____
- _____

Date:_____          Day:_____

## TOP PRIORITY TASKS

- _____
- _____
- _____
- _____
- _____
- _____
- _____
- _____
- _____
- _____

"CHANGE YOUR LIFE TODAY. DON'T GAMBLE ON THE FUTURE, ACT NOW, WITHOUT DELAY."

*- SIMONE DE BEAUVOIR -*

## TODAY, I AM GRATEFUL FOR...

_____

_____

_____

_____

## NOTES

_____
_____
_____
_____
_____
_____
_____
_____

How productive were you today? | 1 | 2 | 3 | 4 | 5 |

## TASKS OF THE DAY

- _____
- _____
- _____
- _____
- _____
- _____
- _____
- _____
- _____
- _____

Date:_____ Day:_____

## TOP PRIORITY TASKS

- _____
- _____
- _____
- _____
- _____
- _____
- _____
- _____
- _____
- _____

"THE MOST RADICAL
REVOLUTIONARY WILL BECOME
A CONSERVATIVE THE DAY AFTER
THE REVOLUTION."

*- HANNAH ARENDT -*

## TODAY, I AM GRATEFUL FOR...

_____
_____
_____
_____

## NOTES

_____
_____
_____
_____
_____
_____
_____
_____

How productive were you today? | 1 | 2 | 3 | 4 | 5 |

## TASKS OF THE DAY

- _____
- _____
- _____
- _____
- _____
- _____
- _____
- _____
- _____

Date:_____          Day:_____

## TOP PRIORITY TASKS

- _____
- _____
- _____
- _____
- _____
- _____
- _____
- _____
- _____
- _____

"BEAUTY IN THINGS EXISTS IN
THE MIND WHICH CONTEMPLATES
THEM."

*- DAVID HUME -*

## TODAY, I AM GRATEFUL FOR...

_____
_____
_____
_____
_____

## NOTES

_____
_____
_____
_____
_____
_____
_____
_____
_____

How productive were you today?   | 1 | 2 | 3 | 4 | 5 |

## TASKS OF THE DAY

- _____
- _____
- _____
- _____
- _____
- _____
- _____
- _____
- _____
- _____

Date:_____                    Day:_____

## TOP PRIORITY TASKS

- _____
- _____
- _____
- _____
- _____
- _____
- _____
- _____
- _____
- _____

"IT ALWAYS SEEMS IMPOSSIBLE
UNTIL IT'S DONE."

*~NELSON MANDELA ~*

## TODAY, I AM GRATEFUL FOR...

_____
_____
_____
_____
_____

## NOTES

_____
_____
_____
_____
_____
_____
_____
_____
_____

How productive were you today?   | 1 | 2 | 3 | 4 | 5 |

## TASKS OF THE DAY

- _____
- _____
- _____
- _____
- _____
- _____
- _____
- _____
- _____

Date:_____                    Day:_____

## TOP PRIORITY TASKS

- _____
- _____
- _____
- _____
- _____
- _____
- _____
- _____
- _____
- _____

"TO IMPROVE IS TO CHANGE; TO BE
PERFECT IS TO CHANGE OFTEN."

*~ WINSTON CHURCHILL ~*

### TODAY, I AM GRATEFUL FOR...

_____
_____
_____
_____

## NOTES

_____
_____
_____
_____
_____
_____
_____
_____
_____

How productive were you today?    | 1 | 2 | 3 | 4 | 5 |

## TASKS OF THE DAY

- _____
- _____
- _____
- _____
- _____
- _____
- _____
- _____
- _____
- _____

Date:_____          Day:_____

## TOP PRIORITY TASKS

- _____
- _____
- _____
- _____
- _____
- _____
- _____
- _____
- _____
- _____

"LOOK AT THE WORLD AS IT IS,
BUT DO NOT ACCEPT IT."

~ ANGELA MERKEL ~

## TODAY, I AM GRATEFUL FOR...

_____
_____
_____
_____

## NOTES

_____
_____
_____
_____
_____
_____
_____
_____

How productive were you today?   | 1 | 2 | 3 | 4 | 5 |

## TASKS OF THE DAY

- _____
- _____
- _____
- _____
- _____
- _____
- _____
- _____
- _____

Date:_____          Day:_____

## TOP PRIORITY TASKS

- _____
- _____
- _____
- _____
- _____
- _____
- _____
- _____
- _____
- _____

## TODAY, I AM GRATEFUL FOR..

_____

_____

_____

_____

## NOTES

_____
_____
_____
_____
_____
_____
_____
_____
_____

How productive were you today?   | 1 | 2 | 3 | 4 | 5 |

## TASKS OF THE DAY

- _____
- _____
- _____
- _____
- _____
- _____
- _____
- _____
- _____
- _____

Date:_____ Day:_____

## TOP PRIORITY TASKS

- _____
- _____
- _____
- _____
- _____
- _____
- _____
- _____
- _____
- _____

*"TRY TO BE A RAINBOW IN SOMEONE'S CLOUD."*

*~ MAYA ANGELOU ~*

## TODAY, I AM GRATEFUL FOR...

_____

_____

_____

_____

## NOTES

_____
_____
_____
_____
_____
_____
_____
_____
_____

How productive were you today?  | 1 | 2 | 3 | 4 | 5 |

## TASKS OF THE DAY

- _____
- _____
- _____
- _____
- _____
- _____
- _____
- _____
- _____
- _____

Date:_____          Day:_____

## TOP PRIORITY TASKS

- _____
- _____
- _____
- _____
- _____
- _____
- _____
- _____
- _____
- _____

"FREEDOM LIES IN BEING BOLD."

*~ ROBERT FROST ~*

## TODAY, I AM GRATEFUL FOR...

_____
_____
_____
_____

## NOTES

_____
_____
_____
_____
_____
_____
_____
_____

How productive were you today?   | 1 | 2 | 3 | 4 | 5 |

## TASKS OF THE DAY

- _____
- _____
- _____
- _____
- _____
- _____
- _____
- _____
- _____
- _____

Date:_____ Day:_____

## TOP PRIORITY TASKS

- _____
- _____
- _____
- _____
- _____
- _____
- _____
- _____
- _____
- _____

"FOREVER IS COMPOSED OF NOWS."

~ EMILY DICKINSON ~

## TODAY, I AM GRATEFUL FOR...

_____
_____
_____
_____

## NOTES

_____
_____
_____
_____
_____
_____
_____
_____

How productive were you today? | 1 | 2 | 3 | 4 | 5 |

## TASKS OF THE DAY

- _____
- _____
- _____
- _____
- _____
- _____
- _____
- _____
- _____
- _____

Date:_____          Day:_____

## TOP PRIORITY TASKS

- _____
- _____
- _____
- _____
- _____
- _____
- _____
- _____
- _____
- _____

"HOLD FAST TO DREAMS, FOR IF
DREAMS DIE, LIFE IS A BROKEN-
WINGED BIRD THAT CANNOT
FLY."

*- LANGSTON HUGHES -*

## TODAY, I AM GRATEFUL FOR..

_____
_____
_____
_____

## NOTES

_____
_____
_____
_____
_____
_____
_____
_____
_____

How productive were you today?   | 1 | 2 | 3 | 4 | 5 |

## TASKS OF THE DAY

- _____
- _____
- _____
- _____
- _____
- _____
- _____
- _____
- _____
- _____

Date:_____     Day:_____

## TOP PRIORITY TASKS

- _____
- _____
- _____
- _____
- _____
- _____
- _____
- _____
- _____
- _____

"LET EVERYTHING HAPPEN
TO YOU: BEAUTY AND TERROR.
JUST KEEP GOING."

*~ RAINER MARIA RILKE ~*

## TODAY, I AM GRATEFUL FOR...

_____
_____
_____
_____

## NOTES

_____
_____
_____
_____
_____
_____
_____
_____
_____

How productive were you today?  | 1 | 2 | 3 | 4 | 5 |

## TASKS OF THE DAY

- _____
- _____
- _____
- _____
- _____
- _____
- _____
- _____
- _____

Date:_____ Day:_____

## TOP PRIORITY TASKS

- _____
- _____
- _____
- _____
- _____
- _____
- _____
- _____
- _____
- _____

*"BE KIND WHENEVER POSSIBLE.*
*IT IS ALWAYS POSSIBLE."*

*- DALAI LAMA -*

## TODAY, I AM GRATEFUL FOR...

_____
_____
_____
_____

## NOTES

_____
_____
_____
_____
_____
_____
_____
_____

How productive were you today?  | 1 | 2 | 3 | 4 | 5 |

## TASKS OF THE DAY

- _____
- _____
- _____
- _____
- _____
- _____
- _____
- _____
- _____
- _____

Date:_____          Day:_____

## TOP PRIORITY TASKS

- _____
- _____
- _____
- _____
- _____
- _____
- _____
- _____
- _____
- _____

## TODAY, I AM GRATEFUL FOR...

_____
_____
_____
_____
_____

## NOTES

_____
_____
_____
_____
_____
_____
_____
_____
_____

How productive were you today?  | 1 | 2 | 3 | 4 | 5 |

## TASKS OF THE DAY

- _____
- _____
- _____
- _____
- _____
- _____
- _____
- _____
- _____
- _____

Date:_____          Day:_____

## TOP PRIORITY TASKS

- _____
- _____
- _____
- _____
- _____
- _____
- _____
- _____
- _____
- _____

"WHATEVER YOU THINK THE WORLD
IS WITHHOLDING FROM YOU, YOU
ARE WITHHOLDING FROM THE
WORLD."

*- ECKHART TOLLE -*

## TODAY, I AM GRATEFUL FOR..

_____
_____
_____
_____

## NOTES

_____
_____
_____
_____
_____
_____
_____
_____
_____

How productive were you today?   | 1 | 2 | 3 | 4 | 5 |

## TASKS OF THE DAY

- _____
- _____
- _____
- _____
- _____
- _____
- _____
- _____
- _____
- _____

Date:_____     Day:_____

## TOP PRIORITY TASKS

- _____
- _____
- _____
- _____
- _____
- _____
- _____
- _____
- _____
- _____

"NOT ALL OF US CAN DO GREAT THINGS. BUT WE CAN DO SMALL THINGS WITH GREAT LOVE."

*~ MOTHER TERESA ~*

## TODAY, I AM GRATEFUL FOR...

_____
_____
_____
_____

## NOTES

_____
_____
_____
_____
_____
_____
_____
_____

How productive were you today?   | 1 | 2 | 3 | 4 | 5 |

## TASKS OF THE DAY

- _____
- _____
- _____
- _____
- _____
- _____
- _____
- _____
- _____
- _____

Date:_____          Day:_____

## TOP PRIORITY TASKS

- _____
- _____
- _____
- _____
- _____
- _____
- _____
- _____
- _____
- _____

"MY HUMANITY IS BOUND UP IN YOURS, FOR WE CAN ONLY BE HUMAN TOGETHER."

*- DESMOND TUTU -*

## TODAY, I AM GRATEFUL FOR...

_____
_____
_____
_____

## NOTES

_____
_____
_____
_____
_____
_____
_____
_____

How productive were you today?   | 1 | 2 | 3 | 4 | 5 |

## TASKS OF THE DAY

- _____
- _____
- _____
- _____
- _____
- _____
- _____
- _____
- _____
- _____

Date:_____          Day:_____

## TOP PRIORITY TASKS

- _____
- _____
- _____
- _____
- _____
- _____
- _____
- _____
- _____
- _____

"HAPPINESS LIES IN THE JOY OF
ACHIEVEMENT AND THE THRILL
OF CREATIVE EFFORT."

*~ FRANKLIN D. ROOSEVELT ~*

## TODAY, I AM GRATEFUL FOR...

_____
_____
_____
_____

## NOTES

_____
_____
_____
_____
_____
_____
_____
_____

How productive were you today?   | 1 | 2 | 3 | 4 | 5 |

## TASKS OF THE DAY

- _____
- _____
- _____
- _____
- _____
- _____
- _____
- _____
- _____
- _____

Date:_____     Day:_____

## TOP PRIORITY TASKS

- _____
- _____
- _____
- _____
- _____
- _____
- _____
- _____
- _____
- _____

"WATCH YOUR THOUGHTS, FOR
THEY WILL BECOME ACTIONS."

*- MARGARET THATCHER -*

## TODAY, I AM GRATEFUL FOR..

_____
_____
_____
_____

## NOTES

_____
_____
_____
_____
_____
_____
_____
_____
_____

How productive were you today?   | 1 | 2 | 3 | 4 | 5 |

## TASKS OF THE DAY

- _____
- _____
- _____
- _____
- _____
- _____
- _____
- _____
- _____
- _____

Date:_____     Day:_____

## TOP PRIORITY TASKS

- _____
- _____
- _____
- _____
- _____
- _____
- _____
- _____
- _____
- _____

## TODAY, I AM GRATEFUL FOR...

_____
_____
_____
_____
_____

## NOTES

_____
_____
_____
_____
_____
_____
_____
_____
_____

How productive were you today?  | 1 | 2 | 3 | 4 | 5 |

## TASKS OF THE DAY

- _____
- _____
- _____
- _____
- _____
- _____
- _____
- _____
- _____
- _____

Date:_____          Day:_____

## TOP PRIORITY TASKS

- _____
- _____
- _____
- _____
- _____
- _____
- _____
- _____
- _____
- _____

> "KINDNESS, AND NOT BEING AFRAID TO BE KIND, IS A VERY IMPORTANT PART OF LEADERSHIP."
>
> *- JACINDA ARDERN -*

## TODAY, I AM GRATEFUL FOR...

_____
_____
_____
_____

## NOTES

_____
_____
_____
_____
_____
_____
_____
_____

How productive were you today?   | 1 | 2 | 3 | 4 | 5 |

## TASKS OF THE DAY

- _____
- _____
- _____
- _____
- _____
- _____
- _____
- _____
- _____
- _____

Date:_____ Day:_____

## TOP PRIORITY TASKS

- _____
- _____
- _____
- _____
- _____
- _____
- _____
- _____
- _____
- _____

"IMAGINATION IS MORE
IMPORTANT THAN KNOWLEDGE."

*- ALBERT EINSTEIN -*

## TODAY, I AM GRATEFUL FOR...

_____
_____
_____
_____

## NOTES

_____
_____
_____
_____
_____
_____
_____
_____

How productive were you today?  | 1 | 2 | 3 | 4 | 5 |

## TASKS OF THE DAY

- _____
- _____
- _____
- _____
- _____
- _____
- _____
- _____
- _____

Date:_____     Day:_____

## TOP PRIORITY TASKS

- _____
- _____
- _____
- _____
- _____
- _____
- _____
- _____
- _____
- _____

*"INNOVATION DISTINGUISHES BETWEEN A LEADER AND A FOLLOWER."*

*- STEVE JOBS -*

## TODAY, I AM GRATEFUL FOR..

_____
_____
_____
_____

## NOTES

_____
_____
_____
_____
_____
_____
_____
_____

How productive were you today?   | 1 | 2 | 3 | 4 | 5 |

## TASKS OF THE DAY

- _____
- _____
- _____
- _____
- _____
- _____
- _____
- _____
- _____
- _____

Date:_____          Day:_____

## TOP PRIORITY TASKS

- _____
- _____
- _____
- _____
- _____
- _____
- _____
- _____
- _____
- _____

"BE LESS CURIOUS ABOUT
PEOPLE AND MORE CURIOUS
ABOUT IDEAS."

*- MARIE CURIE -*

## TODAY, I AM GRATEFUL FOR...

_____
_____
_____
_____

## NOTES

_____
_____
_____
_____
_____
_____
_____
_____

How productive were you today?   | 1 | 2 | 3 | 4 | 5 |

## TASKS OF THE DAY

- _____
- _____
- _____
- _____
- _____
- _____
- _____
- _____
- _____

Date:_____          Day:_____

## TOP PRIORITY TASKS

- _____
- _____
- _____
- _____
- _____
- _____
- _____
- _____
- _____
- _____

"LEARNING NEVER EXHAUSTS THE
MIND."

*~ LEONARDO DA VINCI ~*

## TODAY, I AM GRATEFUL FOR...

_____
_____
_____
_____

## NOTES

_____
_____
_____
_____
_____
_____
_____
_____

How productive were you today?   | 1 | 2 | 3 | 4 | 5 |

## TASKS OF THE DAY

- _____
- _____
- _____
- _____
- _____
- _____
- _____
- _____
- _____
- _____

Date:_____          Day:_____

## TOP PRIORITY TASKS

- _____
- _____
- _____
- _____
- _____
- _____
- _____
- _____
- _____
- _____

"YOU MUST NEVER BE FEARFUL
ABOUT WHAT YOU ARE DOING
WHEN IT IS RIGHT."

~ ROSA PARKS ~

## TODAY, I AM GRATEFUL FOR...

_____
_____
_____
_____

## NOTES

_____
_____
_____
_____
_____
_____
_____
_____

How productive were you today?   | 1 | 2 | 3 | 4 | 5 |

## TASKS OF THE DAY

- _____
- _____
- _____
- _____
- _____
- _____
- _____
- _____
- _____
- _____

# March

Date:_____     Day:_____

## TOP PRIORITY TASKS

- _____
- _____
- _____
- _____
- _____
- _____
- _____
- _____
- _____
- _____

"DO NOT SPOIL WHAT YOU
HAVE BY DESIRING WHAT YOU
HAVE NOT."

*- EPICURUS -*

## TODAY, I AM GRATEFUL FOR...

_____

_____

_____

_____

## NOTES

_____
_____
_____
_____
_____
_____
_____
_____

How productive were you today?     | 1 | 2 | 3 | 4 | 5 |

## TASKS OF THE DAY

- _____
- _____
- _____
- _____
- _____
- _____
- _____
- _____
- _____
- _____

Date:_____          Day:_____

## TOP PRIORITY TASKS

- _____
- _____
- _____
- _____
- _____
- _____
- _____
- _____
- _____
- _____

"HAPPINESS DEPENDS UPON
OURSELVES."

~ ARISTOTLE ~

## TODAY, I AM GRATEFUL FOR..

_____
_____
_____
_____
_____

## NOTES

_____
_____
_____
_____
_____
_____
_____
_____

How productive were you today?   | 1 | 2 | 3 | 4 | 5 |

## TASKS OF THE DAY

- _____
- _____
- _____
- _____
- _____
- _____
- _____
- _____
- _____
- _____

Date:_____        Day:_____

## TOP PRIORITY TASKS

- _____
- _____
- _____
- _____
- _____
- _____
- _____
- _____
- _____
- _____

"THE MIND IS EVERYTHING.
WHAT YOU THINK YOU
BECOME.

*~ BUDDHA ~*

## TODAY, I AM GRATEFUL FOR...

_____
_____
_____
_____
_____

## NOTES

_____
_____
_____
_____
_____
_____
_____
_____

How productive were you today?   | 1 | 2 | 3 | 4 | 5 |

## TASKS OF THE DAY

- _____
- _____
- _____
- _____
- _____
- _____
- _____
- _____
- _____
- _____

Date:_____          Day:_____

## TOP PRIORITY TASKS

- _____
- _____
- _____
- _____
- _____
- _____
- _____
- _____
- _____
- _____

"MAN IS NOT WORRIED BY REAL
PROBLEMS SO MUCH AS BY HIS
IMAGINED ANXIETIES ABOUT REAL
PROBLEMS."

*~ EPICTETUS ~*

## TODAY, I AM GRATEFUL FOR...

_____
_____
_____
_____
_____

## NOTES

_____
_____
_____
_____
_____
_____
_____
_____

How productive were you today?   | 1 | 2 | 3 | 4 | 5 |

## TASKS OF THE DAY

- _____
- _____
- _____
- _____
- _____
- _____
- _____
- _____
- _____
- _____

Date:_____ Day:_____

## TOP PRIORITY TASKS

- _____
- _____
- _____
- _____
- _____
- _____
- _____
- _____
- _____
- _____

"INJUSTICE ANYWHERE IS A THREA
TO JUSTICE EVERYWHERE."

*- MARTIN LUTHER KING JR -*

## TODAY, I AM GRATEFUL FOR...

_____
_____
_____
_____

## NOTES

_____
_____
_____
_____
_____
_____
_____
_____
_____

How productive were you today? | 1 | 2 | 3 | 4 | 5 |

## TASKS OF THE DAY

- _____
- _____
- _____
- _____
- _____
- _____
- _____
- _____
- _____
- _____

Date:_____ Day:_____

## TOP PRIORITY TASKS

- _____
- _____
- _____
- _____
- _____
- _____
- _____
- _____
- _____
- _____

"THERE IS NO GREATER AGONY
THAN BEARING AN UNTOLD STORY
INSIDE YOU."

*- MAYA ANGELOU -*

## TODAY, I AM GRATEFUL FOR...

_____
_____
_____
_____

## NOTES

_____
_____
_____
_____
_____
_____
_____
_____
_____

How productive were you today?  | 1 | 2 | 3 | 4 | 5 |

## TASKS OF THE DAY

- _____
- _____
- _____
- _____
- _____
- _____
- _____
- _____
- _____
- _____

Date:_____          Day:_____

## TOP PRIORITY TASKS

- _____
- _____
- _____
- _____
- _____
- _____
- _____
- _____
- _____
- _____

"THE MAN WHO MOVES A
MOUNTAIN BEGINS BY CARRYING
AWAY SMALL STONES."

*~ CONFUCIUS ~*

## TODAY, I AM GRATEFUL FOR...

_____
_____
_____
_____

## NOTES

_____
_____
_____
_____
_____
_____
_____
_____

How productive were you today?   | 1 | 2 | 3 | 4 | 5 |

## TASKS OF THE DAY

- _____
- _____
- _____
- _____
- _____
- _____
- _____
- _____
- _____

Date:_____ Day:_____

## TOP PRIORITY TASKS

- _____
- _____
- _____
- _____
- _____
- _____
- _____
- _____
- _____
- _____

"ALL THAT IS GOLD DOES NOT
GLITTER, NOT ALL THOSE WHO
WANDER ARE LOST."

*~ J.R.R. TOLKIEN ~*

## TODAY, I AM GRATEFUL FOR...

_____

_____

_____

_____

## NOTES

_____
_____
_____
_____
_____
_____
_____
_____
_____

How productive were you today? | 1 | 2 | 3 | 4 | 5 |

## TASKS OF THE DAY

- _____
- _____
- _____
- _____
- _____
- _____
- _____
- _____
- _____

Date:_____        Day:_____

## TOP PRIORITY TASKS

- _____
- _____
- _____
- _____
- _____
- _____
- _____
- _____
- _____
- _____

"WE ARE ALL IN THE GUTTER, BUT SOME OF US ARE LOOKING AT THE STARS."

*- OSCAR WILDE -*

## TODAY, I AM GRATEFUL FOR...

_____

_____

_____

_____

_____

## NOTES

_____

_____

_____

_____

_____

_____

_____

_____

How productive were you today?   | 1 | 2 | 3 | 4 | 5 |

## TASKS OF THE DAY

- _____
- _____
- _____
- _____
- _____
- _____
- _____
- _____
- _____
- _____

Date:_____          Day:_____

## TOP PRIORITY TASKS

- _____
- _____
- _____
- _____
- _____
- _____
- _____
- _____
- _____
- _____

"IF YOU DON'T LIKE SOMETHING,
CHANGE IT. IF YOU CAN'T CHANGE IT,
CHANGE YOUR ATTITUDE."

*- MAYA ANGELOU -*

## TODAY, I AM GRATEFUL FOR...

_____
_____
_____
_____

## NOTES

_____
_____
_____
_____
_____
_____
_____
_____
_____

How productive were you today?   | 1 | 2 | 3 | 4 | 5 |

## TASKS OF THE DAY

- _____
- _____
- _____
- _____
- _____
- _____
- _____
- _____
- _____
- _____

Date:_____     Day:_____

## TOP PRIORITY TASKS

- _____
- _____
- _____
- _____
- _____
- _____
- _____
- _____
- _____
- _____

> "WHEN PEOPLE SHOW YOU WHO THEY ARE, BELIEVE THEM THE FIRST TIME."
>
> *~ OPRAH WINFREY ~*

## TODAY, I AM GRATEFUL FOR...

_____
_____
_____
_____

## NOTES

_____
_____
_____
_____
_____
_____
_____
_____
_____

How productive were you today?   | 1 | 2 | 3 | 4 | 5 |

## TASKS OF THE DAY

- _____
- _____
- _____
- _____
- _____
- _____
- _____
- _____
- _____
- _____

Date:_____          Day:_____

## TOP PRIORITY TASKS

- _____
- _____
- _____
- _____
- _____
- _____
- _____
- _____
- _____
- _____

"YOU MAY HAVE TO FIGHT A BATTLE
MORE THAN ONCE TO WIN IT."

*- MARGARET THATCHER -*

## TODAY, I AM GRATEFUL FOR..

_____
_____
_____
_____

## NOTES

_____
_____
_____
_____
_____
_____
_____
_____
_____

How productive were you today?   | 1 | 2 | 3 | 4 | 5 |

## TASKS OF THE DAY

- _____
- _____
- _____
- _____
- _____
- _____
- _____
- _____
- _____
- _____

Date:_____          Day:_____

## TOP PRIORITY TASKS

- _____
- _____
- _____
- _____
- _____
- _____
- _____
- _____
- _____
- _____

## TODAY, I AM GRATEFUL FOR...

_____
_____
_____
_____

## NOTES

_____
_____
_____
_____
_____
_____
_____
_____

How productive were you today?   | 1 | 2 | 3 | 4 | 5 |

## TASKS OF THE DAY

- _____
- _____
- _____
- _____
- _____
- _____
- _____
- _____
- _____

Date:_____          Day:_____

## TOP PRIORITY TASKS

- _____
- _____
- _____
- _____
- _____
- _____
- _____
- _____
- _____
- _____

> "IF YOU WANT TO LIFT YOURSELF UP,
> LIFT UP SOMEONE ELSE."
>
> ~ BOOKER T. WASHINGTON ~

## TODAY, I AM GRATEFUL FOR...

_____
_____
_____
_____

## NOTES

_____
_____
_____
_____
_____
_____
_____
_____
_____

How productive were you today?    | 1 | 2 | 3 | 4 | 5 |

## TASKS OF THE DAY

- _____
- _____
- _____
- _____
- _____
- _____
- _____
- _____
- _____
- _____

Date:_____       Day:_____

## TOP PRIORITY TASKS

- _____
- _____
- _____
- _____
- _____
- _____
- _____
- _____
- _____
- _____

"YOU CAN'T SEPARATE PEACE FROM FREEDOM BECAUSE NO ONE CAN BE AT PEACE UNLESS HE HAS HIS FREEDOM."

*- MALCOLM X -*

## TODAY, I AM GRATEFUL FOR...

_____
_____
_____
_____

## NOTES

_____
_____
_____
_____
_____
_____
_____
_____

How productive were you today? | 1 | 2 | 3 | 4 | 5 |

## TASKS OF THE DAY

- _____
- _____
- _____
- _____
- _____
- _____
- _____
- _____
- _____
- _____

Date:_____          Day:_____

## TOP PRIORITY TASKS

- _____
- _____
- _____
- _____
- _____
- _____
- _____
- _____
- _____
- _____

> "PEACE BEGINS WITH A SMILE."
>
> *- MOTHER TERESA -*

## TODAY, I AM GRATEFUL FOR..

_____
_____
_____
_____
_____

## NOTES

_____
_____
_____
_____
_____
_____
_____
_____
_____

How productive were you today?     | 1 | 2 | 3 | 4 | 5 |

## TASKS OF THE DAY

- _____
- _____
- _____
- _____
- _____
- _____
- _____
- _____
- _____
- _____

Date:_____     Day:_____

## TOP PRIORITY TASKS

- _____
- _____
- _____
- _____
- _____
- _____
- _____
- _____
- _____
- _____

> "WHEN YOU JUDGE ANOTHER, YOU DO NOT DEFINE THEM, YOU DEFINE YOURSELF."
>
> *~ WAYNE DYER ~*

## TODAY, I AM GRATEFUL FOR...

_____
_____
_____
_____

## NOTES

_____
_____
_____
_____
_____
_____
_____
_____
_____

How productive were you today?  | 1 | 2 | 3 | 4 | 5 |

## TASKS OF THE DAY

- _____
- _____
- _____
- _____
- _____
- _____
- _____
- _____
- _____
- _____

Date:_____          Day:_____

## TOP PRIORITY TASKS

- _____
- _____
- _____
- _____
- _____
- _____
- _____
- _____
- _____
- _____

"YOU HAVE POWER OVER YOUR MIND—NOT OUTSIDE EVENTS. REALIZE THIS, AND YOU WILL FIND STRENGTH."

*- MARCUS AURELIUS -*

## TODAY, I AM GRATEFUL FOR..

_____
_____
_____
_____
_____

## NOTES

_____
_____
_____
_____
_____
_____
_____
_____
_____

How productive were you today?   | 1 | 2 | 3 | 4 | 5 |

## TASKS OF THE DAY

- _____
- _____
- _____
- _____
- _____
- _____
- _____
- _____
- _____
- _____

Date:_____ Day:_____

## TOP PRIORITY TASKS

- _____
- _____
- _____
- _____
- _____
- _____
- _____
- _____
- _____
- _____

"IF YOU WANT OTHERS TO BE
HAPPY, PRACTICE COMPASSION. IF
YOU WANT TO BE HAPPY,
PRACTICECOMPASSION."

*- DALAI LAMA -*

## TODAY, I AM GRATEFUL FOR...

_____

_____

_____

_____

## NOTES

_____

_____

_____

_____

_____

_____

_____

_____

How productive were you today?   | 1 | 2 | 3 | 4 | 5 |

## TASKS OF THE DAY

- _____
- _____
- _____
- _____
- _____
- _____
- _____
- _____
- _____
- _____

Date:_____     Day_____

## TOP PRIORITY TASKS

- _____
- _____
- _____
- _____
- _____
- _____
- _____
- _____
- _____
- _____

"OUT BEYOND IDEAS OF WRONG
DOING AND RIGHT DOING, THERE
IS A FIELD. I'LL MEET YOU THERE."

*- RUMI -*

## TODAY, I AM GRATEFUL FOR...

_____

_____

_____

_____

## NOTES

_____
_____
_____
_____
_____
_____
_____
_____

How productive were you today?   | 1 | 2 | 3 | 4 | 5 |

## TASKS OF THE DAY

- _____
- _____
- _____
- _____
- _____
- _____
- _____
- _____
- _____
- _____

Date:_____          Day:_____

## TOP PRIORITY TASKS

- _____
- _____
- _____
- _____
- _____
- _____
- _____
- _____
- _____
- _____

### YOU CANNOT SWIM FOR NEW HORIZONS UNTIL YOU HAVE COURAGE TO LOSE SIGHT OF THE SHORE."

*- WILLIAM FAULKNER -*

## TODAY, I AM GRATEFUL FOR...

_____

_____

_____

_____

## NOTES

_____
_____
_____
_____
_____
_____
_____
_____

How productive were you today?   | 1 | 2 | 3 | 4 | 5 |

## TASKS OF THE DAY

- _____
- _____
- _____
- _____
- _____
- _____
- _____
- _____
- _____
- _____

Date:_____ Day:_____

## TOP PRIORITY TASKS

- _____
- _____
- _____
- _____
- _____
- _____
- _____
- _____
- _____
- _____

"ACT AS IF WHAT YOU DO MAKES A
DIFFERENCE. IT DOES."

*- WILLIAM JAMES -*

## TODAY, I AM GRATEFUL FOR..

_____
_____
_____
_____
_____

## NOTES

_____
_____
_____
_____
_____
_____
_____
_____
_____

How productive were you today?  | 1 | 2 | 3 | 4 | 5 |

## TASKS OF THE DAY

- _____
- _____
- _____
- _____
- _____
- _____
- _____
- _____
- _____
- _____

Date:_____    Day:_____

## TOP PRIORITY TASKS

- _____
- _____
- _____
- _____
- _____
- _____
- _____
- _____
- _____
- _____

> "THE MOST DIFFICULT THING IS THE DECISION TO ACT, THE REST IS MERELY TENACITY."
>
> *- AMELIA EARHART -*

## TODAY, I AM GRATEFUL FOR...

_____

_____

_____

_____

## NOTES

_____

_____

_____

_____

_____

_____

_____

_____

How productive were you today?  | 1 | 2 | 3 | 4 | 5 |

## TASKS OF THE DAY

- _____
- _____
- _____
- _____
- _____
- _____
- _____
- _____
- _____
- _____

Date:_____          Day:_____

## TOP PRIORITY TASKS

- _____
- _____
- _____
- _____
- _____
- _____
- _____
- _____
- _____
- _____

> "SUCCESS USUALLY COMES TO THOSE WHO ARE TOO BUSY TO BE LOOKING FOR IT."
>
> *~ HENRY DAVID THOREAU ~*

## TODAY, I AM GRATEFUL FOR...

_____

_____

_____

_____

## NOTES

_____

_____

_____

_____

_____

_____

_____

_____

_____

How productive were you today?   | 1 | 2 | 3 | 4 | 5 |

## TASKS OF THE DAY

- _____
- _____
- _____
- _____
- _____
- _____
- _____
- _____
- _____

Date:_____ Day:_____

## TOP PRIORITY TASKS

- _____
- _____
- _____
- _____
- _____
- _____
- _____
- _____
- _____
- _____

"YOU MUST BE THE CHANGE YOU
WISH TO SEE IN THE WORLD."

*- MAHATMA GANDHI -*

## TODAY, I AM GRATEFUL FOR...

_____
_____
_____
_____

## NOTES

_____
_____
_____
_____
_____
_____
_____
_____
_____

How productive were you today?   | 1 | 2 | 3 | 4 | 5 |

## TASKS OF THE DAY

- _____
- _____
- _____
- _____
- _____
- _____
- _____
- _____
- _____

Date:_____          Day:_____

## TOP PRIORITY TASKS

- _____
- _____
- _____
- _____
- _____
- _____
- _____
- _____
- _____
- _____

"SUCCESS IS STUMBLING FROM
FAILURE TO FAILURE WITH NO LOSS
OF ENTHUSIASM."

*- WINSTON CHURCHILL -*

## TODAY, I AM GRATEFUL FOR...

_____

_____

_____

_____

## NOTES

_____
_____
_____
_____
_____
_____
_____
_____
_____

How productive were you today?   | 1 | 2 | 3 | 4 | 5 |

## TASKS OF THE DAY

- _____
- _____
- _____
- _____
- _____
- _____
- _____
- _____
- _____
- _____

Date:_____        Day:_____

## TOP PRIORITY TASKS

- _____
- _____
- _____
- _____
- _____
- _____
- _____
- _____
- _____
- _____

> "COURAGE IS NOT THE ABSENCE OF FEAR, BUT RATHER THE JUDGMENT THAT SOMETHING ELSE IS MORE IMPORTANT THAN FEAR."
>
> ~ AMBROSE REDMOON ~

## TODAY, I AM GRATEFUL FOR...

_____
_____
_____
_____

## NOTES

_____
_____
_____
_____
_____
_____
_____
_____

How productive were you today? | 1 | 2 | 3 | 4 | 5 |

## TASKS OF THE DAY

- _____
- _____
- _____
- _____
- _____
- _____
- _____
- _____
- _____
- _____

Date:_____     Day:_____

## TOP PRIORITY TASKS

- _____
- _____
- _____
- _____
- _____
- _____
- _____
- _____
- _____
- _____

"DO NOT WAIT FOR LEADERS; DO
IT ALONE, PERSON TO PERSON."

*~ MOTHER TERESA ~*

## TODAY, I AM GRATEFUL FOR..

_____
_____
_____
_____

## NOTES

_____
_____
_____
_____
_____
_____
_____
_____
_____

How productive were you today?   | 1 | 2 | 3 | 4 | 5 |

## TASKS OF THE DAY

- _____
- _____
- _____
- _____
- _____
- _____
- _____
- _____
- _____

Date:_____          Day:_____

## TOP PRIORITY TASKS

- _____
- _____
- _____
- _____
- _____
- _____
- _____
- _____
- _____
- _____

"IF YOU WANT TO GO FAST, GO ALONE.
IF YOU WANT TO GO FAR, GO
TOGETHER."

*~ AFRICAN PROVERB ~*

## TODAY, I AM GRATEFUL FOR...

_____
_____
_____
_____

## NOTES

_____
_____
_____
_____
_____
_____
_____
_____
_____

How productive were you today?   | 1 | 2 | 3 | 4 | 5 |

## TASKS OF THE DAY

- _____
- _____
- _____
- _____
- _____
- _____
- _____
- _____
- _____
- _____

Date:_____                                    Day:_____

## TOP PRIORITY TASKS

- _____
- _____
- _____
- _____
- _____
- _____
- _____
- _____
- _____
- _____

"IF YOU ARE ALWAYS TRYING TO BE
NORMAL, YOU WILL NEVER KNOW
HOW AMAZING YOU CAN BE."

*- MAYA ANGELOU -*

## TODAY, I AM GRATEFUL FOR...

_____
_____
_____
_____

## NOTES

_____
_____
_____
_____
_____
_____
_____
_____

How productive were you today?   | 1 | 2 | 3 | 4 | 5 |

## TASKS OF THE DAY

- _____
- _____
- _____
- _____
- _____
- _____
- _____
- _____
- _____
- _____

Date:_____                    Day:_____

## TOP PRIORITY TASKS

- _____
- _____
- _____
- _____
- _____
- _____
- _____
- _____
- _____
- _____

"DON'T COUNT THE DAYS, MAKE
THE DAYS COUNT."

*- MUHAMMAD ALI -*

## TODAY, I AM GRATEFUL FOR...

_____
_____
_____
_____

## NOTES

_____
_____
_____
_____
_____
_____
_____
_____

How productive were you today? | 1 | 2 | 3 | 4 | 5 |

## TASKS OF THE DAY

- _____
- _____
- _____
- _____
- _____
- _____
- _____
- _____
- _____
- _____

# April

Date:_____          Day:_____

## TOP PRIORITY TASKS

- _____
- _____
- _____
- _____
- _____
- _____
- _____
- _____
- _____
- _____

"I AM NOT A PRODUCT OF MY CIRCUMSTANCES. I AM A PRODUCT OF MY DECISIONS."

*~ STEPHEN R. COVEY ~*

## TODAY, I AM GRATEFUL FOR...

_____

_____

_____

_____

## NOTES

_____
_____
_____
_____
_____
_____
_____
_____

How productive were you today?   | 1 | 2 | 3 | 4 | 5 |

## TASKS OF THE DAY

- _____
- _____
- _____
- _____
- _____
- _____
- _____
- _____
- _____

Date:_____          Day:_____

## TOP PRIORITY TASKS

- _____
- _____
- _____
- _____
- _____
- _____
- _____
- _____
- _____
- _____

"A PERSON WHO NEVER MADE A
MISTAKE NEVER TRIED ANYTHING
NEW."

*~ ALBERT EINSTEIN ~*

## TODAY, I AM GRATEFUL FOR...

_____
_____
_____
_____

## NOTES

_____
_____
_____
_____
_____
_____
_____
_____
_____

How productive were you today?   | 1 | 2 | 3 | 4 | 5 |

## TASKS OF THE DAY

- _____
- _____
- _____
- _____
- _____
- _____
- _____
- _____
- _____
- _____

Date:_____          Day:_____

## TOP PRIORITY TASKS

- _____
- _____
- _____
- _____
- _____
- _____
- _____
- _____
- _____
- _____

*"DO WHAT YOU CAN, WITH WHAT YOU HAVE, WHERE YOU ARE."*

*~ THEODORE ROOSEVELT ~*

## TODAY, I AM GRATEFUL FOR...

_____
_____
_____
_____

## NOTES

_____
_____
_____
_____
_____
_____
_____
_____

How productive were you today? | 1 | 2 | 3 | 4 | 5 |

## TASKS OF THE DAY

- _____
- _____
- _____
- _____
- _____
- _____
- _____
- _____
- _____
- _____

Date:_____     Day:_____

## TOP PRIORITY TASKS

- _____
- _____
- _____
- _____
- _____
- _____
- _____
- _____
- _____
- _____

"AN UNEXAMINED LIFE IS NOT
WORTH LIVING."

*- SOCRATES -*

## TODAY, I AM GRATEFUL FOR..

_____

_____

_____

_____

_____

## NOTES

_____

_____

_____

_____

_____

_____

_____

_____

_____

How productive were you today?   | 1 | 2 | 3 | 4 | 5 |

## TASKS OF THE DAY

- _____
- _____
- _____
- _____
- _____
- _____
- _____
- _____
- _____
- _____

Date:_____ Day:_____

## TOP PRIORITY TASKS

- _____
- _____
- _____
- _____
- _____
- _____
- _____
- _____
- _____
- _____

"FREEDOM IS NOTHING BUT A
CHANCE TO BE BETTER."

*- ALBERT CAMUS -*

## TODAY, I AM GRATEFUL FOR...

_____

_____

_____

_____

## NOTES

_____

_____

_____

_____

_____

_____

_____

_____

How productive were you today? | 1 | 2 | 3 | 4 | 5 |

## TASKS OF THE DAY

- _____
- _____
- _____
- _____
- _____
- _____
- _____
- _____
- _____

Date:_____ Day:_____

## TOP PRIORITY TASKS

- _____
- _____
- _____
- _____
- _____
- _____
- _____
- _____
- _____
- _____

## NOTES

_____
_____
_____
_____
_____
_____
_____
_____

How productive were you today? | 1 | 2 | 3 | 4 | 5 |

> "YOU CANNOT SHAKE HANDS WITH A CLENCHED FIST."
>
> *- INDIRA GANDHI -*

## TODAY, I AM GRATEFUL FOR..

_____
_____
_____
_____

## TASKS OF THE DAY

- _____
- _____
- _____
- _____
- _____
- _____
- _____
- _____
- _____
- _____

Date:_____     Day:_____

## TOP PRIORITY TASKS

- _____
- _____
- _____
- _____
- _____
- _____
- _____
- _____
- _____
- _____

"HARDSHIPS OFTEN PREPARE
ORDINARY PEOPLE FOR AN
EXTRAORDINARY DESTINY."

~ C.S. LEWIS ~

## TODAY, I AM GRATEFUL FOR...

_____
_____
_____
_____

## NOTES

_____
_____
_____
_____
_____
_____
_____
_____
_____

How productive were you today?  | 1 | 2 | 3 | 4 | 5 |

## TASKS OF THE DAY

- _____
- _____
- _____
- _____
- _____
- _____
- _____
- _____
- _____
- _____

Date:_____     Day:_____

## TOP PRIORITY TASKS

- _____
- _____
- _____
- _____
- _____
- _____
- _____
- _____
- _____
- _____

## TODAY, I AM GRATEFUL FOR...

_____
_____
_____
_____

## NOTES

_____
_____
_____
_____
_____
_____
_____
_____

How productive were you today?   | 1 | 2 | 3 | 4 | 5 |

## TASKS OF THE DAY

- _____
- _____
- _____
- _____
- _____
- _____
- _____
- _____
- _____
- _____

Date:_____                Day:_____

## TOP PRIORITY TASKS

- _____
- _____
- _____
- _____
- _____
- _____
- _____
- _____
- _____
- _____

"WE ARE MADE WISE NOT BY THE RECOLLECTION OF OUR PAST, BUT BY THE RESPONSIBILITY FOR OUR FUTURE."

*~ GEORGE BERNARD SHAW ~*

## TODAY, I AM GRATEFUL FOR...

_____
_____
_____
_____

## NOTES

_____
_____
_____
_____
_____
_____
_____
_____

How productive were you today?   | 1 | 2 | 3 | 4 | 5 |

## TASKS OF THE DAY

- _____
- _____
- _____
- _____
- _____
- _____
- _____
- _____
- _____
- _____

Date:_____         Day:_____

## TOP PRIORITY TASKS

- _____
- _____
- _____
- _____
- _____
- _____
- _____
- _____
- _____
- _____

"YOU GET IN LIFE WHAT YOU HAVE
THE COURAGE TO ASK FOR."

*~ OPRAH WINFREY ~*

## TODAY, I AM GRATEFUL FOR...

_____
_____
_____
_____

## NOTES

_____
_____
_____
_____
_____
_____
_____
_____
_____

How productive were you today?   | 1 | 2 | 3 | 4 | 5 |

## TASKS OF THE DAY

- _____
- _____
- _____
- _____
- _____
- _____
- _____
- _____
- _____
- _____

Date:_____          Day:_____

## TOP PRIORITY TASKS

- _____
- _____
- _____
- _____
- _____
- _____
- _____
- _____
- _____
- _____

"LEADERSHIP IS NOT ABOUT BEING IN CHARGE. IT IS ABOUT TAKING CARE OF THOSE IN YOUR CHARGE."

*~ SIMON SINEK ~*

## TODAY, I AM GRATEFUL FOR...

_____
_____
_____
_____

## NOTES

_____
_____
_____
_____
_____
_____
_____
_____

How productive were you today?   | 1 | 2 | 3 | 4 | 5 |

## TASKS OF THE DAY

- _____
- _____
- _____
- _____
- _____
- _____
- _____
- _____
- _____
- _____

Date:_____                    Day:_____

## TOP PRIORITY TASKS

- _____
- _____
- _____
- _____
- _____
- _____
- _____
- _____
- _____
- _____

"IT IS NOT LENGTH OF LIFE, BUT
DEPTH OF LIFE."

*- RALPH WALDO EMERSON -*

## TODAY, I AM GRATEFUL FOR...

_____
_____
_____
_____

## NOTES

_____
_____
_____
_____
_____
_____
_____
_____
_____

How productive were you today?   | 1 | 2 | 3 | 4 | 5 |

## TASKS OF THE DAY

- _____
- _____
- _____
- _____
- _____
- _____
- _____
- _____
- _____
- _____

Date:_____     Day:_____

## TOP PRIORITY TASKS

- _____
- _____
- _____
- _____
- _____
- _____
- _____
- _____
- _____
- _____

"KNOWING YOURSELF IS THE
BEGINNING OF ALL WISDOM."

*- ARISTOTLE -*

## TODAY, I AM GRATEFUL FOR...

_____
_____
_____

## NOTES

_____
_____
_____
_____
_____
_____
_____
_____
_____

How productive were you today?   | 1 | 2 | 3 | 4 | 5 |

## TASKS OF THE DAY

- _____
- _____
- _____
- _____
- _____
- _____
- _____
- _____
- _____

Date: _____          Day: _____

## TOP PRIORITY TASKS

- _____
- _____
- _____
- _____
- _____
- _____
- _____
- _____
- _____
- _____

"DO NOT GO WHERE THE PATH MAY LEAD, GO INSTEAD WHERE THERE IS NO PATH AND LEAVE A TRAIL.'

*~ RALPH WALDO EMERSON ~*

## TODAY, I AM GRATEFUL FOR...

_____
_____
_____
_____
_____

## NOTES

_____
_____
_____
_____
_____
_____
_____
_____
_____

How productive were you today?   | 1 | 2 | 3 | 4 | 5 |

## TASKS OF THE DAY

- _____
- _____
- _____
- _____
- _____
- _____
- _____
- _____
- _____
- _____

Date:_____ Day:_____

## TOP PRIORITY TASKS

- _____
- _____
- _____
- _____
- _____
- _____
- _____
- _____
- _____
- _____

"A NATION THAT DESTROYS ITS
SOILS DESTROYS ITSELF."

*- FRANKLIN D. ROOSEVELT -*

## TODAY, I AM GRATEFUL FOR...

_____

_____

_____

_____

## NOTES

_____

_____

_____

_____

_____

_____

_____

_____

_____

How productive were you today? | 1 | 2 | 3 | 4 | 5 |

## TASKS OF THE DAY

- _____
- _____
- _____
- _____
- _____
- _____
- _____
- _____
- _____
- _____

Date:_____          Day:_____

## TOP PRIORITY TASKS

- _____
- _____
- _____
- _____
- _____
- _____
- _____
- _____
- _____
- _____

*"DON'T GAIN THE WORLD AND LOSE YOUR SOUL. WISDOM IS BETTER THAN SILVER OR GOLD."*

*~ BOB MARLEY ~*

## TODAY, I AM GRATEFUL FOR..

_____
_____
_____
_____

## NOTES

_____
_____
_____
_____
_____
_____
_____
_____
_____

How productive were you today?   | 1 | 2 | 3 | 4 | 5 |

## TASKS OF THE DAY

- _____
- _____
- _____
- _____
- _____
- _____
- _____
- _____
- _____
- _____

Date:_____          Day:_____

## TOP PRIORITY TASKS

- _____
- _____
- _____
- _____
- _____
- _____
- _____
- _____
- _____
- _____

> "PAIN IS INEVITABLE. SUFFERING IS OPTIONAL."
>
> ~ HARUKI MURAKAMI ~

## TODAY, I AM GRATEFUL FOR...

_____

_____

_____

_____

## NOTES

_____

_____

_____

_____

_____

_____

_____

_____

How productive were you today?   | 1 | 2 | 3 | 4 | 5 |

## TASKS OF THE DAY

- _____
- _____
- _____
- _____
- _____
- _____
- _____
- _____
- _____
- _____

Date:_____     Day:_____

## TOP PRIORITY TASKS

- _____
- _____
- _____
- _____
- _____
- _____
- _____
- _____
- _____
- _____

"UNTIL THE LION LEARNS TO
WRITE, EVERY STORY WILL GLORIFY
THE HUNTER."

*- AFRICAN PROVERB -*

## TODAY, I AM GRATEFUL FOR..

_____
_____
_____
_____
_____

## NOTES

_____
_____
_____
_____
_____
_____
_____
_____

How productive were you today?  | 1 | 2 | 3 | 4 | 5 |

## TASKS OF THE DAY

- _____
- _____
- _____
- _____
- _____
- _____
- _____
- _____
- _____
- _____

Date:_____  Day:_____

## TOP PRIORITY TASKS

- _____
- _____
- _____
- _____
- _____
- _____
- _____
- _____
- _____
- _____

## "IF OPPORTUNITY DOESN'T KNOCK, BUILD A DOOR."

*- MILTON BERLE -*

## TODAY, I AM GRATEFUL FOR...

_____
_____
_____
_____

## NOTES

_____
_____
_____
_____
_____
_____
_____
_____

How productive were you today? | 1 | 2 | 3 | 4 | 5 |

## TASKS OF THE DAY

- _____
- _____
- _____
- _____
- _____
- _____
- _____
- _____
- _____
- _____

Date:_____ Day:_____

## TOP PRIORITY TASKS

- _____
- _____
- _____
- _____
- _____
- _____
- _____
- _____
- _____
- _____

## TODAY, I AM GRATEFUL FOR...

_____
_____
_____
_____

## NOTES

_____
_____
_____
_____
_____
_____
_____
_____
_____

How productive were you today? | 1 | 2 | 3 | 4 | 5 |

## TASKS OF THE DAY

- _____
- _____
- _____
- _____
- _____
- _____
- _____
- _____
- _____
- _____

Date:_____                    Day:_____

## TOP PRIORITY TASKS

- _____
- _____
- _____
- _____
- _____
- _____
- _____
- _____
- _____
- _____

"THE ONLY LIMIT TO OUR
REALIZATION OF TOMORROW IS
OUR DOUBTS OF TODAY."

*~ FRANKLIN D. ROOSEVELT ~*

## TODAY, I AM GRATEFUL FOR...

_____
_____
_____
_____

## NOTES

_____
_____
_____
_____
_____
_____
_____
_____

How productive were you today?   | 1 | 2 | 3 | 4 | 5 |

## TASKS OF THE DAY

- _____
- _____
- _____
- _____
- _____
- _____
- _____
- _____
- _____
- _____

Date:_____          Day:_____

## TOP PRIORITY TASKS

- _____
- _____
- _____
- _____
- _____
- _____
- _____
- _____
- _____
- _____

"THE ARC OF THE MORAL UNIVERSE IS LONG, BUT IT BENDS TOWARD JUSTICE."

*- MARTIN LUTHER KING JR -*

## TODAY, I AM GRATEFUL FOR..

_____
_____
_____
_____

## NOTES

_____
_____
_____
_____
_____
_____
_____
_____
_____

How productive were you today?   | 1 | 2 | 3 | 4 | 5 |

## TASKS OF THE DAY

- _____
- _____
- _____
- _____
- _____
- _____
- _____
- _____
- _____

Date:_____      Day:_____

## TOP PRIORITY TASKS

- _____
- _____
- _____
- _____
- _____
- _____
- _____
- _____
- _____
- _____

"GREAT MINDS DISCUSS IDEAS;
AVERAGE MINDS DISCUSS EVENTS;
SMALL MINDS DISCUSS PEOPLE."

*~ ELEANOR ROOSEVELT ~*

## TODAY, I AM GRATEFUL FOR...

_____
_____
_____
_____

## NOTES

_____
_____
_____
_____
_____
_____
_____
_____

How productive were you today? | 1 | 2 | 3 | 4 | 5 |

## TASKS OF THE DAY

- _____
- _____
- _____
- _____
- _____
- _____
- _____
- _____
- _____
- _____

Date:_____ Day:_____

## TOP PRIORITY TASKS

- _____
- _____
- _____
- _____
- _____
- _____
- _____
- _____
- _____
- _____

"DON'T WALK BEHIND ME; I MAY NOT LEAD. DON'T WALK IN FRONT OF ME; I MAY NOT FOLLOW. JUST WALK BESIDE ME AND BE MY FRIEND."

*- ALBERT CAMUS -*

## TODAY, I AM GRATEFUL FOR...

_____
_____
_____
_____

## NOTES

_____
_____
_____
_____
_____
_____
_____
_____
_____

How productive were you today? | 1 | 2 | 3 | 4 | 5 |

## TASKS OF THE DAY

- _____
- _____
- _____
- _____
- _____
- _____
- _____
- _____
- _____
- _____

Date:_____          Day:_____

## TOP PRIORITY TASKS

- _____
- _____
- _____
- _____
- _____
- _____
- _____
- _____
- _____
- _____

> "A ROOM WITHOUT BOOKS IS LIKE A
> BODY WITHOUT A SOUL."
>
> *- MARCUS TULLIUS CICERO -*

## TODAY, I AM GRATEFUL FOR...

_____
_____
_____
_____
_____

## NOTES

_____
_____
_____
_____
_____
_____
_____
_____

How productive were you today?   | 1 | 2 | 3 | 4 | 5 |

## TASKS OF THE DAY

- _____
- _____
- _____
- _____
- _____
- _____
- _____
- _____
- _____

Date:_____     Day:_____

## TOP PRIORITY TASKS

- _____
- _____
- _____
- _____
- _____
- _____
- _____
- _____
- _____
- _____

## TODAY, I AM GRATEFUL FOR..

_____
_____
_____
_____

## NOTES

_____
_____
_____
_____
_____
_____
_____
_____
_____

How productive were you today?  | 1 | 2 | 3 | 4 | 5 |

## TASKS OF THE DAY

- _____
- _____
- _____
- _____
- _____
- _____
- _____
- _____
- _____

Date:_____     Day:_____

## TOP PRIORITY TASKS

- _____
- _____
- _____
- _____
- _____
- _____
- _____
- _____
- _____
- _____

"DO NOT LET WHAT YOU CANNOT
DO INTERFERE WITH WHAT YOU
CAN DO."

*- JOHN WOODEN -*

## TODAY, I AM GRATEFUL FOR...

_____
_____
_____
_____

## NOTES

_____
_____
_____
_____
_____
_____
_____
_____

How productive were you today?  | 1 | 2 | 3 | 4 | 5 |

## TASKS OF THE DAY

- _____
- _____
- _____
- _____
- _____
- _____
- _____
- _____
- _____

Date:_____         Day:_____

## TOP PRIORITY TASKS

- _____
- _____
- _____
- _____
- _____
- _____
- _____
- _____
- _____
- _____

### TODAY, I AM GRATEFUL FOR..

_____

_____

_____

_____

## NOTES

_____

_____

_____

_____

_____

_____

_____

_____

_____

How productive were you today? | 1 | 2 | 3 | 4 | 5 |

## TASKS OF THE DAY

- _____
- _____
- _____
- _____
- _____
- _____
- _____
- _____
- _____
- _____

Date:_____ Day:_____

## TOP PRIORITY TASKS

- _____
- _____
- _____
- _____
- _____
- _____
- _____
- _____
- _____
- _____

"YOU MAY BE THE ONLY PERSON
LEFT WHO BELIEVES IN YOU, BUT
IT'S ENOUGH."

*~ RICHELLE E. GOODRICH ~*

## TODAY, I AM GRATEFUL FOR...

_____

_____

_____

_____

## NOTES

_____
_____
_____
_____
_____
_____
_____
_____
_____

How productive were you today?  | 1 | 2 | 3 | 4 | 5 |

## TASKS OF THE DAY

- _____
- _____
- _____
- _____
- _____
- _____
- _____
- _____
- _____

Date:_____          Day:_____

## TOP PRIORITY TASKS

- _____
- _____
- _____
- _____
- _____
- _____
- _____
- _____
- _____
- _____

"SUCCESS IS GETTING WHAT YOU
WANT, HAPPINESS IS WANTING
WHAT YOU GET."

*~ W. P. KINSELLA ~*

## TODAY, I AM GRATEFUL FOR...

_____
_____
_____
_____

## NOTES

_____
_____
_____
_____
_____
_____
_____
_____
_____

How productive were you today?   | 1 | 2 | 3 | 4 | 5 |

## TASKS OF THE DAY

- _____
- _____
- _____
- _____
- _____
- _____
- _____
- _____
- _____
- _____

# May

Date: _____          Day: _____

## TOP PRIORITY TASKS

- _____
- _____
- _____
- _____
- _____
- _____
- _____
- _____
- _____
- _____

"HARDSHIPS OFTEN PREPARE
ORDINARY PEOPLE FOR AN
EXTRAORDINARY DESTINY."

*- C.S. LEWIS -*

## TODAY, I AM GRATEFUL FOR...

_____
_____
_____
_____
_____

## NOTES

_____
_____
_____
_____
_____
_____
_____
_____
_____

How productive were you today?   | 1 | 2 | 3 | 4 | 5 |

## TASKS OF THE DAY

- _____
- _____
- _____
- _____
- _____
- _____
- _____
- _____
- _____
- _____

Date:_____          Day:_____

## TOP PRIORITY TASKS

- _____
- _____
- _____
- _____
- _____
- _____
- _____
- _____
- _____
- _____

> "HISTORY WILL BE KIND TO ME
> FOR I INTEND TO WRITE IT."
>
> *~ WINSTON CHURCHILL ~*

## TODAY, I AM GRATEFUL FOR...

_____
_____
_____
_____
_____

## NOTES

_____
_____
_____
_____
_____
_____
_____
_____
_____

How productive were you today?   | 1 | 2 | 3 | 4 | 5 |

## TASKS OF THE DAY

- _____
- _____
- _____
- _____
- _____
- _____
- _____
- _____
- _____

Date:_____          Day:_____

## TOP PRIORITY TASKS

- _____
- _____
- _____
- _____
- _____
- _____
- _____
- _____
- _____
- _____

"WE ACCEPT THE LOVE WE THINK
WE DESERVE."

*~ STEPHEN CHBOSKY ~*

## TODAY, I AM GRATEFUL FOR..

_____

_____

_____

_____

_____

## NOTES

_____
_____
_____
_____
_____
_____
_____
_____

How productive were you today?   | 1 | 2 | 3 | 4 | 5 |

## TASKS OF THE DAY

- _____
- _____
- _____
- _____
- _____
- _____
- _____
- _____
- _____

Date:_____          Day:_____

## TOP PRIORITY TASKS

- _____
- _____
- _____
- _____
- _____
- _____
- _____
- _____
- _____
- _____

## TODAY, I AM GRATEFUL FOR...

_____

_____

_____

_____

## NOTES

_____
_____
_____
_____
_____
_____
_____
_____

How productive were you today?   | 1 | 2 | 3 | 4 | 5 |

## TASKS OF THE DAY

- _____
- _____
- _____
- _____
- _____
- _____
- _____
- _____
- _____
- _____

Date:_____ Day:_____

## TOP PRIORITY TASKS

- _____
- _____
- _____
- _____
- _____
- _____
- _____
- _____
- _____
- _____

*"WE MUST LEARN TO LIVE TOGETHER AS BROTHERS OR PERISH TOGETHER AS FOOLS."*

*- MARTIN LUTHER KING JR -*

## TODAY, I AM GRATEFUL FOR...

_____

_____

_____

_____

## NOTES

_____
_____
_____
_____
_____
_____
_____
_____
_____

How productive were you today?  | 1 | 2 | 3 | 4 | 5 |

## TASKS OF THE DAY

- _____
- _____
- _____
- _____
- _____
- _____
- _____
- _____
- _____
- _____

Date:_____          Day:_____

## TOP PRIORITY TASKS

- _____
- _____
- _____
- _____
- _____
- _____
- _____
- _____
- _____
- _____

"IN A GENTLE WAY, YOU CAN SHAKE
THE WORLD."

*- MAHATMA GANDHI -*

## TODAY, I AM GRATEFUL FOR...

_____
_____
_____
_____

## NOTES

_____
_____
_____
_____
_____
_____
_____
_____
_____

How productive were you today?   | 1 | 2 | 3 | 4 | 5 |

## TASKS OF THE DAY

- _____
- _____
- _____
- _____
- _____
- _____
- _____
- _____
- _____
- _____

Date:_____          Day:_____

## TOP PRIORITY TASKS

- _____
- _____
- _____
- _____
- _____
- _____
- _____
- _____
- _____
- _____

"EVERYTHING YOU CAN IMAGINE
IS REAL."

*- PABLO PICASSO -*

## TODAY, I AM GRATEFUL FOR...

_____
_____
_____
_____
_____

## NOTES

_____
_____
_____
_____
_____
_____
_____
_____

How productive were you today?   | 1 | 2 | 3 | 4 | 5 |

## TASKS OF THE DAY

- _____
- _____
- _____
- _____
- _____
- _____
- _____
- _____
- _____
- _____

Date:_____     Day:_____

## TOP PRIORITY TASKS

- _____
- _____
- _____
- _____
- _____
- _____
- _____
- _____
- _____
- _____

"A LIE CAN TRAVEL HALFWAY
AROUND THE WORLD WHILE THE
TRUTH IS PUTTING ON ITS SHOES."

*- MARK TWAIN -*

## TODAY, I AM GRATEFUL FOR...

_____
_____
_____
_____

## NOTES

_____
_____
_____
_____
_____
_____
_____
_____
_____

How productive were you today?    | 1 | 2 | 3 | 4 | 5 |

## TASKS OF THE DAY

- _____
- _____
- _____
- _____
- _____
- _____
- _____
- _____
- _____
- _____

Date:_____     Day:_____

## TOP PRIORITY TASKS

- _____
- _____
- _____
- _____
- _____
- _____
- _____
- _____
- _____
- _____

"THE SECRET OF GETTING AHEAD
IS GETTING STARTED."

*- MARK TWAIN -*

## TODAY, I AM GRATEFUL FOR...

_____
_____
_____
_____

## NOTES

_____
_____
_____
_____
_____
_____
_____
_____

How productive were you today?   | 1 | 2 | 3 | 4 | 5 |

## TASKS OF THE DAY

- _____
- _____
- _____
- _____
- _____
- _____
- _____
- _____
- _____
- _____

Date:_____ Day:_____

## TOP PRIORITY TASKS

- _____
- _____
- _____
- _____
- _____
- _____
- _____
- _____
- _____
- _____

**"YOU MISS 100% OF THE SHOTS YOU DON'T TAKE."**

*- WAYNE GRETZKY -*

## TODAY, I AM GRATEFUL FOR...

_____
_____
_____
_____
_____

## NOTES

_____
_____
_____
_____
_____
_____
_____
_____

How productive were you today? | 1 | 2 | 3 | 4 | 5 |

## TASKS OF THE DAY

- _____
- _____
- _____
- _____
- _____
- _____
- _____
- _____
- _____

Date:_____          Day:_____

## TOP PRIORITY TASKS

- _____
- _____
- _____
- _____
- _____
- _____
- _____
- _____
- _____
- _____

"THERE IS NOTHING EITHER GOOD
OR BAD, BUT THINKING
MAKES IT SO."

*- WILLIAM SHAKESPEARE -*

## TODAY, I AM GRATEFUL FOR..

_____
_____
_____
_____
_____

## NOTES

_____
_____
_____
_____
_____
_____
_____
_____
_____

How productive were you today?   | 1 | 2 | 3 | 4 | 5 |

## TASKS OF THE DAY

- _____
- _____
- _____
- _____
- _____
- _____
- _____
- _____
- _____
- _____

Date:_____  Day:_____

## TOP PRIORITY TASKS

- _____
- _____
- _____
- _____
- _____
- _____
- _____
- _____
- _____
- _____

"COURAGE DOESN'T ALWAYS ROAR.
SOMETIMES COURAGE IS THE QUIET
VOICE AT THE END OF THE DAY
SAYING, 'I WILL TRY AGAIN
TOMORROW."

*~MARY ANNE RADMACHER ~*

## TODAY, I AM GRATEFUL FOR...

_____
_____
_____
_____
_____

## NOTES

_____
_____
_____
_____
_____
_____
_____
_____

How productive were you today?  | 1 | 2 | 3 | 4 | 5 |

## TASKS OF THE DAY

- _____
- _____
- _____
- _____
- _____
- _____
- _____
- _____
- _____
- _____

Date:_____ Day:_____

## TOP PRIORITY TASKS

- _____
- _____
- _____
- _____
- _____
- _____
- _____
- _____
- _____
- _____

"THE MOST COMMON WAY PEOPLE
GIVE UP THEIR POWER IS BY
THINKING THEY DON'T HAVE ANY."

*- ALICE WALKER -*

## TODAY, I AM GRATEFUL FOR...

_____
_____
_____
_____
_____

## NOTES

_____
_____
_____
_____
_____
_____
_____
_____

How productive were you today?   | 1 | 2 | 3 | 4 | 5 |

## TASKS OF THE DAY

- _____
- _____
- _____
- _____
- _____
- _____
- _____
- _____
- _____

Date:_____

Day:_____

## TOP PRIORITY TASKS

- _____
- _____
- _____
- _____
- _____
- _____
- _____
- _____
- _____
- _____

"POWER TENDS TO CORRUPT, AND ABSOLUTE POWER CORRUPTS ABSOLUTELY."

*~ LORD ACTON ~*

## TODAY, I AM GRATEFUL FOR...

_____

_____

_____

_____

## NOTES

_____

_____

_____

_____

_____

_____

_____

_____

_____

How productive were you today?  | 1 | 2 | 3 | 4 | 5 |

## TASKS OF THE DAY

- _____
- _____
- _____
- _____
- _____
- _____
- _____
- _____
- _____
- _____

Date:_____     Day:_____

## TOP PRIORITY TASKS

- _____
- _____
- _____
- _____
- _____
- _____
- _____
- _____
- _____
- _____

"TO LIVE IS THE RAREST THING IN
THE WORLD. MOST PEOPLE EXIST,
THAT IS ALL."

*~ OSCAR WILDE ~*

## TODAY, I AM GRATEFUL FOR..

_____
_____
_____
_____

## NOTES

_____
_____
_____
_____
_____
_____
_____
_____
_____

How productive were you today?   | 1 | 2 | 3 | 4 | 5 |

## TASKS OF THE DAY

- _____
- _____
- _____
- _____
- _____
- _____
- _____
- _____
- _____
- _____

Date:_____          Day:_____

## TOP PRIORITY TASKS

- _____
- _____
- _____
- _____
- _____
- _____
- _____
- _____
- _____
- _____

"THE MIND IS LIKE A PARACHUTE.
IT DOESN'T WORK UNLESS IT
IS OPEN."

*~ FRANK ZAPPA ~*

## TODAY, I AM GRATEFUL FOR...

_____

_____

_____

_____

## NOTES

_____
_____
_____
_____
_____
_____
_____
_____

How productive were you today?   | 1 | 2 | 3 | 4 | 5 |

## TASKS OF THE DAY

- _____
- _____
- _____
- _____
- _____
- _____
- _____
- _____
- _____
- _____

Date:_____     Day:_____

## TOP PRIORITY TASKS

- _____
- _____
- _____
- _____
- _____
- _____
- _____
- _____
- _____
- _____

"FALL SEVEN TIMES, STAND UP EIGHT."

*- JAPANESE PROVERB -*

## TODAY, I AM GRATEFUL FOR...

_____
_____
_____
_____
_____

## NOTES

_____
_____
_____
_____
_____
_____
_____
_____
_____

How productive were you today?  | 1 | 2 | 3 | 4 | 5 |

## TASKS OF THE DAY

- _____
- _____
- _____
- _____
- _____
- _____
- _____
- _____
- _____
- _____

Date:_____     Day:_____

## TOP PRIORITY TASKS

- _____
- _____
- _____
- _____
- _____
- _____
- _____
- _____
- _____
- _____

"THE FIRST DUTY OF A MAN IS
TO THINK FOR HIMSELF."

*- JOSÉ MARTÍ -*

## TODAY, I AM GRATEFUL FOR...

_____
_____
_____
_____

## NOTES

_____
_____
_____
_____
_____
_____
_____
_____

How productive were you today?   | 1 | 2 | 3 | 4 | 5 |

## TASKS OF THE DAY

- _____
- _____
- _____
- _____
- _____
- _____
- _____
- _____
- _____
- _____

Date:_____        Day:_____

## TOP PRIORITY TASKS

- _____
- _____
- _____
- _____
- _____
- _____
- _____
- _____
- _____
- _____

"IT IS NEVER TOO LATE TO BE
WHAT YOU MIGHT HAVE BEEN "

*- GEORGE ELIOT -*

## TODAY, I AM GRATEFUL FOR..

_____

_____

_____

_____

## NOTES

_____
_____
_____
_____
_____
_____
_____
_____
_____

How productive were you today? | 1 | 2 | 3 | 4 | 5 |

## TASKS OF THE DAY

- _____
- _____
- _____
- _____
- _____
- _____
- _____
- _____
- _____
- _____

Date:_____          Day:_____

## TOP PRIORITY TASKS

- _____
- _____
- _____
- _____
- _____
- _____
- _____
- _____
- _____
- _____

"POWER IS NOT GIVEN TO YOU.
YOU HAVE TO TAKE IT."

*- BEYONCÉ -*

## TODAY, I AM GRATEFUL FOR...

_____

_____

_____

_____

_____

## NOTES

_____

_____

_____

_____

_____

_____

_____

_____

## TASKS OF THE DAY

- _____
- _____
- _____
- _____
- _____
- _____
- _____
- _____
- _____
- _____

How productive were you today?   | 1 | 2 | 3 | 4 | 5 |

Date:_____          Day:_____

## TOP PRIORITY TASKS

- _____
- _____
- _____
- _____
- _____
- _____
- _____
- _____
- _____
- _____

## TODAY, I AM GRATEFUL FOR...

_____
_____
_____
_____
_____

## NOTES

_____
_____
_____
_____
_____
_____
_____
_____
_____

How productive were you today?   | 1 | 2 | 3 | 4 | 5 |

## TASKS OF THE DAY

- _____
- _____
- _____
- _____
- _____
- _____
- _____
- _____
- _____
- _____

Date:_____                    Day:_____

## TOP PRIORITY TASKS

- _____
- _____
- _____
- _____
- _____
- _____
- _____
- _____
- _____
- _____

## TODAY, I AM GRATEFUL FOR...

_____
_____
_____
_____
_____

## NOTES

_____
_____
_____
_____
_____
_____
_____
_____

How productive were you today?   | 1 | 2 | 3 | 4 | 5 |

## TASKS OF THE DAY

- _____
- _____
- _____
- _____
- _____
- _____
- _____
- _____
- _____

Date:_____          Day:_____

## TOP PRIORITY TASKS

- _____
- _____
- _____
- _____
- _____
- _____
- _____
- _____
- _____
- _____

"IF YOU DON'T STAND FOR
SOMETHING, YOU WILL FALL FOR
ANYTHING."

*- MALCOLM X -*

## TODAY, I AM GRATEFUL FOR..

_____
_____
_____
_____
_____

## NOTES

_____
_____
_____
_____
_____
_____
_____
_____
_____

How productive were you today?   | 1 | 2 | 3 | 4 | 5 |

## TASKS OF THE DAY

- _____
- _____
- _____
- _____
- _____
- _____
- _____
- _____
- _____
- _____

Date:_____     Day:_____

## TOP PRIORITY TASKS

- _____
- _____
- _____
- _____
- _____
- _____
- _____
- _____
- _____
- _____

## TODAY, I AM GRATEFUL FOR...

_____
_____
_____
_____

## NOTES

_____
_____
_____
_____
_____
_____
_____
_____

How productive were you today?   | 1 | 2 | 3 | 4 | 5 |

## TASKS OF THE DAY

- _____
- _____
- _____
- _____
- _____
- _____
- _____
- _____
- _____

Date:_____          Day:_____

## TOP PRIORITY TASKS

- _____
- _____
- _____
- _____
- _____
- _____
- _____
- _____
- _____
- _____

"TURN YOUR WOUNDS INTO
WISDOM."
~ OPRAH WINFREY ~

## TODAY, I AM GRATEFUL FOR...

_____
_____
_____
_____
_____

## NOTES

_____
_____
_____
_____
_____
_____
_____
_____
_____

How productive were you today?   | 1 | 2 | 3 | 4 | 5 |

## TASKS OF THE DAY

- _____
- _____
- _____
- _____
- _____
- _____
- _____
- _____
- _____
- _____

Date:_____                    Day:_____

## TOP PRIORITY TASKS

- _____
- _____
- _____
- _____
- _____
- _____
- _____
- _____
- _____
- _____

"THE TRUTH WILL SET YOU FREE,
BUT FIRST IT WILL PISS YOU OFF."

~ GLORIA STEINEM ~

## TODAY, I AM GRATEFUL FOR...

_____
_____
_____
_____
_____

## NOTES

_____
_____
_____
_____
_____
_____
_____
_____
_____

How productive were you today?   | 1 | 2 | 3 | 4 | 5 |

## TASKS OF THE DAY

- _____
- _____
- _____
- _____
- _____
- _____
- _____
- _____
- _____
- _____

Date:_____ Day:_____

## TOP PRIORITY TASKS

- _____
- _____
- _____
- _____
- _____
- _____
- _____
- _____
- _____
- _____

## "KNOWLEDGE SPEAKS, BUT WISDOM LISTENS."

*~ JIMI HENDRIX ~*

## TODAY, I AM GRATEFUL FOR...

_____

_____

_____

_____

## NOTES

_____
_____
_____
_____
_____
_____
_____
_____

How productive were you today? | 1 | 2 | 3 | 4 | 5 |

## TASKS OF THE DAY

- _____
- _____
- _____
- _____
- _____
- _____
- _____
- _____
- _____
- _____

Date:_____          Day:_____

## TOP PRIORITY TASKS

- _____
- _____
- _____
- _____
- _____
- _____
- _____
- _____
- _____
- _____

## TODAY, I AM GRATEFUL FOR...

_____

_____

_____

_____

## NOTES

_____
_____
_____
_____
_____
_____
_____
_____
_____

How productive were you today?   | 1 | 2 | 3 | 4 | 5 |

## TASKS OF THE DAY

- _____
- _____
- _____
- _____
- _____
- _____
- _____
- _____
- _____
- _____

Date:_____    Day:_____

## TOP PRIORITY TASKS

- _____
- _____
- _____
- _____
- _____
- _____
- _____
- _____
- _____
- _____

## TODAY, I AM GRATEFUL FOR...

_____
_____
_____
_____
_____

## NOTES

_____
_____
_____
_____
_____
_____
_____
_____

How productive were you today?   | 1 | 2 | 3 | 4 | 5 |

## TASKS OF THE DAY

- _____
- _____
- _____
- _____
- _____
- _____
- _____
- _____
- _____
- _____

Date:_____

Day:_____

## TOP PRIORITY TASKS

- _____
- _____
- _____
- _____
- _____
- _____
- _____
- _____
- _____
- _____

*"WE CAN DO NO GREAT THINGS —
ONLY SMALL THINGS WITH GREAT
LOVE."*

*- MOTHER TERESA -*

## TODAY, I AM GRATEFUL FOR...

_____

_____

_____

_____

## NOTES

_____

_____

_____

_____

_____

_____

_____

_____

How productive were you today?  | 1 | 2 | 3 | 4 | 5 |

## TASKS OF THE DAY

- _____
- _____
- _____
- _____
- _____
- _____
- _____
- _____
- _____
- _____

Date:_____          Day:_____

## TOP PRIORITY TASKS

- _____
- _____
- _____
- _____
- _____
- _____
- _____
- _____
- _____
- _____

"RISE ABOVE THE STORM AND YOU
WILL FIND THE SUNSHINE."

*- MARIO FERNÁNDEZ -*

### TODAY, I AM GRATEFUL FOR...

_____
_____
_____
_____
_____

## NOTES

_____
_____
_____
_____
_____
_____
_____
_____

How productive were you today?   | 1 | 2 | 3 | 4 | 5 |

## TASKS OF THE DAY

- _____
- _____
- _____
- _____
- _____
- _____
- _____
- _____
- _____
- _____

# June

Date:_____

Day:_____

## TOP PRIORITY TASKS

- _____
- _____
- _____
- _____
- _____
- _____
- _____
- _____
- _____
- _____

"WHAT LIES BEHIND US AND WHAT LIES BEFORE US ARE TINY MATTERS COMPARED TO WHAT LIES WITHIN US."

*~ RALPH WALDO EMERSON ~*

## TODAY, I AM GRATEFUL FOR...

_____
_____
_____
_____
_____

## NOTES

_____
_____
_____
_____
_____
_____
_____
_____
_____

How productive were you today? | 1 | 2 | 3 | 4 | 5 |

## TASKS OF THE DAY

- _____
- _____
- _____
- _____
- _____
- _____
- _____
- _____
- _____
- _____

Date:_____

Day:_____

## TOP PRIORITY TASKS

- _____
- _____
- _____
- _____
- _____
- _____
- _____
- _____
- _____
- _____

"LIFE ISN'T ABOUT FINDING YOURSELF. LIFE IS ABOUT CREATING YOURSELF."

*~ GEORGE BERNARD SHAW ~*

## TODAY, I AM GRATEFUL FOR...

_____

_____

_____

_____

## NOTES

_____

_____

_____

_____

_____

_____

_____

_____

How productive were you today?   | 1 | 2 | 3 | 4 | 5 |

## TASKS OF THE DAY

- _____
- _____
- _____
- _____
- _____
- _____
- _____
- _____
- _____
- _____

Date:_____          Day:_____

## TOP PRIORITY TASKS

- _____
- _____
- _____
- _____
- _____
- _____
- _____
- _____
- _____
- _____

"SUCCESS IS HOW HIGH YOU
BOUNCE WHEN YOU HIT BOTTOM."

~ GEORGE S. PATTON ~

## TODAY, I AM GRATEFUL FOR..

_____
_____
_____
_____

## NOTES

_____
_____
_____
_____
_____
_____
_____
_____

How productive were you today?   | 1 | 2 | 3 | 4 | 5 |

## TASKS OF THE DAY

- _____
- _____
- _____
- _____
- _____
- _____
- _____
- _____
- _____
- _____

Date:_____                          Day:_____

## TOP PRIORITY TASKS

- _____
- _____
- _____
- _____
- _____
- _____
- _____
- _____
- _____
- _____

*"OUR LIVES BEGIN TO END THE DAY WE BECOME SILENT ABOUT THINGS THAT MATTER."*

*~ MARTIN LUTHER KING JR ~*

## TODAY, I AM GRATEFUL FOR...

_____
_____
_____
_____
_____

## NOTES

_____
_____
_____
_____
_____
_____
_____
_____
_____

How productive were you today?   | 1 | 2 | 3 | 4 | 5 |

## TASKS OF THE DAY

- _____
- _____
- _____
- _____
- _____
- _____
- _____
- _____
- _____

Date:_____         Day:_____

## TOP PRIORITY TASKS

- _____
- _____
- _____
- _____
- _____
- _____
- _____
- _____
- _____
- _____

"DON'T WAIT. THE TIME WILL NEVER BE JUST RIGHT."

~ NAPOLEON HILL ~

## TODAY, I AM GRATEFUL FOR...

_____

_____

_____

_____

## NOTES

_____
_____
_____
_____
_____
_____
_____
_____

How productive were you today? | 1 | 2 | 3 | 4 | 5 |

## TASKS OF THE DAY

- _____
- _____
- _____
- _____
- _____
- _____
- _____
- _____
- _____
- _____

Date:_____

Day:_____

## TOP PRIORITY TASKS

- _____
- _____
- _____
- _____
- _____
- _____
- _____
- _____
- _____
- _____

"A DREAM YOU DREAM ALONE IS ONLY A DREAM. A DREAM YOU DREAM TOGETHER IS REALITY."

*- YOKO ONO -*

## TODAY, I AM GRATEFUL FOR...

_____

_____

_____

_____

## NOTES

_____
_____
_____
_____
_____
_____
_____
_____
_____

How productive were you today?   | 1 | 2 | 3 | 4 | 5 |

## TASKS OF THE DAY

- _____
- _____
- _____
- _____
- _____
- _____
- _____
- _____
- _____
- _____

Date:_____          Day:_____

## TOP PRIORITY TASKS

- _____
- _____
- _____
- _____
- _____
- _____
- _____
- _____
- _____
- _____

"FEAR DOESN'T SHUT YOU DOWN; IT WAKES YOU UP."

*- VERONICA ROTH -*

## TODAY, I AM GRATEFUL FOR...

_____
_____
_____
_____
_____

## NOTES

_____
_____
_____
_____
_____
_____
_____
_____
_____

How productive were you today?   | 1 | 2 | 3 | 4 | 5 |

## TASKS OF THE DAY

- _____
- _____
- _____
- _____
- _____
- _____
- _____
- _____
- _____
- _____

Date:_____          Day:_____

## TOP PRIORITY TASKS

- _____
- _____
- _____
- _____
- _____
- _____
- _____
- _____
- _____
- _____

"LIFE IS REALLY SIMPLE, BUT WE
INSIST ON MAKING ITCOMPLICATED."

*- CONFUCIUS -*

## TODAY, I AM GRATEFUL FOR...

_____

_____

_____

_____

_____

## NOTES

_____
_____
_____
_____
_____
_____
_____
_____
_____

How productive were you today?  | 1 | 2 | 3 | 4 | 5 |

## TASKS OF THE DAY

- _____
- _____
- _____
- _____
- _____
- _____
- _____
- _____
- _____
- _____

Date:_____          Day:_____

## TOP PRIORITY TASKS

- _____
- _____
- _____
- _____
- _____
- _____
- _____
- _____
- _____
- _____

"EVEN IF I KNEW THAT TOMORROW
THE WORLD WOULD GO TO PIECES,
I WOULD STILL PLANT MY APPLE
TREE."

*- MARTIN LUTHER -*

## TODAY, I AM GRATEFUL FOR..

_____
_____
_____
_____

## NOTES

_____
_____
_____
_____
_____
_____
_____
_____

How productive were you today?   | 1 | 2 | 3 | 4 | 5 |

## TASKS OF THE DAY

- _____
- _____
- _____
- _____
- _____
- _____
- _____
- _____
- _____
- _____

Date:_____          Day:_____

## TOP PRIORITY TASKS

- _____
- _____
- _____
- _____
- _____
- _____
- _____
- _____
- _____
- _____

"YOU WILL FACE MANY DEFEATS IN LIFE, BUT NEVER LET YOURSELF BE DEFEATED."

~ MAYA ANGELOU ~

## TODAY, I AM GRATEFUL FOR...

_____
_____
_____
_____

## NOTES

_____
_____
_____
_____
_____
_____
_____
_____
_____

How productive were you today?   | 1 | 2 | 3 | 4 | 5 |

## TASKS OF THE DAY

- _____
- _____
- _____
- _____
- _____
- _____
- _____
- _____
- _____
- _____

Date:_____                    Day:_____

## TOP PRIORITY TASKS

- _____
- _____
- _____
- _____
- _____
- _____
- _____
- _____
- _____
- _____

## TODAY, I AM GRATEFUL FOR..

_____

_____

_____

_____

## NOTES

_____
_____
_____
_____
_____
_____
_____
_____
_____

How productive were you today?  | 1 | 2 | 3 | 4 | 5 |

## TASKS OF THE DAY

- _____
- _____
- _____
- _____
- _____
- _____
- _____
- _____
- _____
- _____

Date:_____          Day:_____

## TOP PRIORITY TASKS

- _____
- _____
- _____
- _____
- _____
- _____
- _____
- _____
- _____
- _____

"WE DO NOT INHERIT THE EARTH
FROM OUR ANCESTORS, WE BORROW
IT FROM OUR CHILDREN."

*- NATIVE AMERICAN PROVERB -*

## TODAY, I AM GRATEFUL FOR...

_____

_____

_____

_____

## NOTES

_____
_____
_____
_____
_____
_____
_____
_____
_____

How productive were you today?   | 1 | 2 | 3 | 4 | 5 |

## TASKS OF THE DAY

- _____
- _____
- _____
- _____
- _____
- _____
- _____
- _____
- _____
- _____

Date:_____          Day:_____

## TOP PRIORITY TASKS

- _____
- _____
- _____
- _____
- _____
- _____
- _____
- _____
- _____
- _____

"THERE IS A CRACK IN EVERYTHING.
THAT'S HOW THE LIGHT GETS IN."

*~ LEONARD COHEN ~*

## TODAY, I AM GRATEFUL FOR...

_____

_____

_____

_____

## NOTES

_____
_____
_____
_____
_____
_____
_____
_____
_____

How productive were you today?   | 1 | 2 | 3 | 4 | 5 |

## TASKS OF THE DAY

- _____
- _____
- _____
- _____
- _____
- _____
- _____
- _____
- _____
- _____

Date:_____ Day:_____

## TOP PRIORITY TASKS

- _____
- _____
- _____
- _____
- _____
- _____
- _____
- _____
- _____
- _____

"A PESSIMIST SEES THE DIFFICULTY
IN EVERY OPPORTUNITY; AN
OPTIMIST SEES THE OPPORTUNITY
IN EVERY DIFFICULTY."

*- WINSTON CHURCHILL -*

## TODAY, I AM GRATEFUL FOR...

_____
_____
_____
_____

## NOTES

_____
_____
_____
_____
_____
_____
_____
_____
_____

How productive were you today?  | 1 | 2 | 3 | 4 | 5 |

## TASKS OF THE DAY

- _____
- _____
- _____
- _____
- _____
- _____
- _____
- _____
- _____

Date:_____ Day:_____

## TOP PRIORITY TASKS

- _____
- _____
- _____
- _____
- _____
- _____
- _____
- _____
- _____
- _____

"YOU CAN'T USE UP CREATIVITY. THE MORE YOU USE, THE MORE YOU HAVE."

*~ MAYA ANGELOU ~*

## TODAY, I AM GRATEFUL FOR...

_____

_____

_____

_____

## NOTES

_____

_____

_____

_____

_____

_____

_____

_____

_____

How productive were you today? | 1 | 2 | 3 | 4 | 5 |

## TASKS OF THE DAY

- _____
- _____
- _____
- _____
- _____
- _____
- _____
- _____
- _____

Date:_____                    Day:_____

## TOP PRIORITY TASKS

- _____
- _____
- _____
- _____
- _____
- _____
- _____
- _____
- _____
- _____

"NOT EVERYTHING THAT IS FACED
CAN BE CHANGED, BUT NOTHING
CAN BE CHANGED UNTIL IT IS
FACED."

*- JAMES BALDWIN -*

## TODAY, I AM GRATEFUL FOR...

_____
_____
_____
_____

## NOTES

_____
_____
_____
_____
_____
_____
_____
_____

How productive were you today?   | 1 | 2 | 3 | 4 | 5 |

## TASKS OF THE DAY

- _____
- _____
- _____
- _____
- _____
- _____
- _____
- _____
- _____
- _____

Date:_____          Day:_____

## TOP PRIORITY TASKS

- _____
- _____
- _____
- _____
- _____
- _____
- _____
- _____
- _____
- _____

"IF YOU DON'T LIKE THE ROAD
YOU'RE WALKING, START PAVING
ANOTHER ONE."

*- DOLLY PARTON -*

## TODAY, I AM GRATEFUL FOR...

_____
_____
_____
_____

## NOTES

_____
_____
_____
_____
_____
_____
_____
_____

How productive were you today?   | 1 | 2 | 3 | 4 | 5 |

## TASKS OF THE DAY

- _____
- _____
- _____
- _____
- _____
- _____
- _____
- _____
- _____

Date:_____ Day:_____

## TOP PRIORITY TASKS

- _____
- _____
- _____
- _____
- _____
- _____
- _____
- _____
- _____
- _____

"WISDOM BEGINS IN WONDER."

*- SOCRATES -*

## TODAY, I AM GRATEFUL FOR...

_____

_____

_____

_____

## NOTES

_____
_____
_____
_____
_____
_____
_____
_____
_____

How productive were you today? | 1 | 2 | 3 | 4 | 5 |

## TASKS OF THE DAY

- _____
- _____
- _____
- _____
- _____
- _____
- _____
- _____
- _____
- _____

Date:_____     Day:_____

## TOP PRIORITY TASKS

- _____
- _____
- _____
- _____
- _____
- _____
- _____
- _____
- _____
- _____

"A SOCIETY GROWS GREAT WHEN
OLD MEN PLANT TREES WHOSE
SHADE THEY KNOW THEY SHALL
NEVER SIT IN."

*~ GREEK PROVERB ~*

## TODAY, I AM GRATEFUL FOR...

_____
_____
_____
_____

## NOTES

_____
_____
_____
_____
_____
_____
_____
_____

How productive were you today?   | 1 | 2 | 3 | 4 | 5 |

## TASKS OF THE DAY

- _____
- _____
- _____
- _____
- _____
- _____
- _____
- _____
- _____
- _____

Date:_____            Day:_____

## TOP PRIORITY TASKS

- _____
- _____
- _____
- _____
- _____
- _____
- _____
- _____
- _____
- _____

> "LIVE AS IF YOU WERE TO DIE TOMORROW. LEARN AS IF YOU WERE TO LIVE FOREVER."
>
> *~ MAHATMA GANDHI ~*

## TODAY, I AM GRATEFUL FOR...

_____

_____

_____

_____

## NOTES

_____
_____
_____
_____
_____
_____
_____
_____
_____

How productive were you today?   | 1 | 2 | 3 | 4 | 5 |

## TASKS OF THE DAY

- _____
- _____
- _____
- _____
- _____
- _____
- _____
- _____
- _____
- _____

Date:_____          Day:_____

## TOP PRIORITY TASKS

- _____
- _____
- _____
- _____
- _____
- _____
- _____
- _____
- _____
- _____

## TODAY, I AM GRATEFUL FOR...

_____
_____
_____
_____

## NOTES

_____
_____
_____
_____
_____
_____
_____
_____

How productive were you today?   | 1 | 2 | 3 | 4 | 5 |

## TASKS OF THE DAY

- _____
- _____
- _____
- _____
- _____
- _____
- _____
- _____
- _____
- _____

Date:_____          Day:_____

## TOP PRIORITY TASKS

- _____
- _____
- _____
- _____
- _____
- _____
- _____
- _____
- _____
- _____

"IT'S NOT WHAT HAPPENS TO YOU,
BUT HOW YOU REACT TO IT THAT
MATTERS."

*- EPICTETUS -*

## TODAY, I AM GRATEFUL FOR...

_____

_____

_____

_____

## NOTES

_____
_____
_____
_____
_____
_____
_____
_____
_____

How productive were you today?   | 1 | 2 | 3 | 4 | 5 |

## TASKS OF THE DAY

- _____
- _____
- _____
- _____
- _____
- _____
- _____
- _____
- _____
- _____

Date:_____     Day:_____

## TOP PRIORITY TASKS

- _____
- _____
- _____
- _____
- _____
- _____
- _____
- _____
- _____
- _____

"YOU DON'T LEARN TO WALK BY
FOLLOWING RULES. YOU LEARN BY
DOING, AND BY FALLING OVER."

*~ RICHARD BRANSON ~*

## TODAY, I AM GRATEFUL FOR...

_____
_____
_____
_____
_____

## NOTES

_____
_____
_____
_____
_____
_____
_____
_____
_____

How productive were you today?  | 1 | 2 | 3 | 4 | 5 |

## TASKS OF THE DAY

- _____
- _____
- _____
- _____
- _____
- _____
- _____
- _____
- _____
- _____

Date:_____          Day:_____

## TOP PRIORITY TASKS

- _____
- _____
- _____
- _____
- _____
- _____
- _____
- _____
- _____
- _____

"IF YOU'RE ALWAYS TRYING TO BE
PERFECT, YOU'LL NEVER BE
ORIGINAL."

*~ DAVID FOSTER WALLACE ~*

## TODAY, I AM GRATEFUL FOR...

_____
_____
_____
_____

## NOTES

_____
_____
_____
_____
_____
_____
_____
_____

How productive were you today?  | 1 | 2 | 3 | 4 | 5 |

## TASKS OF THE DAY

- _____
- _____
- _____
- _____
- _____
- _____
- _____
- _____
- _____
- _____

Date:_____          Day:_____

## TOP PRIORITY TASKS

- _____
- _____
- _____
- _____
- _____
- _____
- _____
- _____
- _____
- _____

"THERE IS NO GREATER AGONY
THAN BEARING AN UNTOLD STORY
INSIDE YOU."

*- MAYA ANGELOU -*

## TODAY, I AM GRATEFUL FOR...

_____
_____
_____
_____
_____

## NOTES

_____
_____
_____
_____
_____
_____
_____
_____

How productive were you today?   | 1 | 2 | 3 | 4 | 5 |

## TASKS OF THE DAY

- _____
- _____
- _____
- _____
- _____
- _____
- _____
- _____
- _____
- _____

Date:_____                                    Day:_____

## TOP PRIORITY TASKS

- _____
- _____
- _____
- _____
- _____
- _____
- _____
- _____
- _____
- _____

## TODAY, I AM GRATEFUL FOR...

_____
_____
_____
_____

## NOTES

_____
_____
_____
_____
_____
_____
_____
_____
_____

How productive were you today?      | 1 | 2 | 3 | 4 | 5 |

## TASKS OF THE DAY

- _____
- _____
- _____
- _____
- _____
- _____
- _____
- _____
- _____
- _____

Date:_____ Day:_____

## TOP PRIORITY TASKS

- _____
- _____
- _____
- _____
- _____
- _____
- _____
- _____
- _____
- _____

"IF WE HAVE NO PEACE, IT IS BECAUSE
WE HAVE FORGOTTEN THAT WE
BELONG TO EACH OTHER."

*~ MOTHER TERESA ~*

## TODAY, I AM GRATEFUL FOR..

_____

_____

_____

_____

## NOTES

_____
_____
_____
_____
_____
_____
_____
_____

How productive were you today?  | 1 | 2 | 3 | 4 | 5 |

## TASKS OF THE DAY

- _____
- _____
- _____
- _____
- _____
- _____
- _____
- _____
- _____

Date:_____                          Day:_____

## TOP PRIORITY TASKS

- _____
- _____
- _____
- _____
- _____
- _____
- _____
- _____
- _____
- _____

"LIFE IS NOT MEASURED BY THE NUMBER OF BREATHS WE TAKE, BUT BY THE MOMENTS THAT TAKE OUR BREATH AWAY."

*- VICKI CORONA -*

## TODAY, I AM GRATEFUL FOR...

_____

_____

_____

_____

## NOTES

_____
_____
_____
_____
_____
_____
_____
_____
_____

How productive were you today?    | 1 | 2 | 3 | 4 | 5 |

## TASKS OF THE DAY

- _____
- _____
- _____
- _____
- _____
- _____
- _____
- _____
- _____

Date:_____     Day:_____

## TOP PRIORITY TASKS

- _____
- _____
- _____
- _____
- _____
- _____
- _____
- _____
- _____
- _____

"THE FUNCTION OF FREEDOM IS TO
FREE SOMEONE ELSE."

*- TONI MORRISON -*

## TODAY, I AM GRATEFUL FOR...

_____

_____

_____

_____

## NOTES

_____
_____
_____
_____
_____
_____
_____
_____
_____

How productive were you today?   | 1 | 2 | 3 | 4 | 5 |

## TASKS OF THE DAY

- _____
- _____
- _____
- _____
- _____
- _____
- _____
- _____
- _____
- _____

Date:_____          Day:_____

## TOP PRIORITY TASKS

- _____
- _____
- _____
- _____
- _____
- _____
- _____
- _____
- _____
- _____

"JOY IS NOT IN THINGS; IT IS IN US."

*- RICHARD WAGNER -*

## TODAY, I AM GRATEFUL FOR...

_____
_____
_____
_____

## NOTES

_____
_____
_____
_____
_____
_____
_____
_____

How productive were you today?  | 1 | 2 | 3 | 4 | 5 |

## TASKS OF THE DAY

- _____
- _____
- _____
- _____
- _____
- _____
- _____
- _____
- _____
- _____

# July

Date:_____ Day:_____

## TOP PRIORITY TASKS

- _____
- _____
- _____
- _____
- _____
- _____
- _____
- _____
- _____
- _____

*"IT DOES NOT MATTER HOW SLOWLY YOU GO AS LONG AS YOU DO NOT STOP."*

*- CONFUCIUS -*

## TODAY, I AM GRATEFUL FOR...

_____
_____
_____
_____
_____

## NOTES

_____
_____
_____
_____
_____
_____
_____
_____
_____

How productive were you today? | 1 | 2 | 3 | 4 | 5 |

## TASKS OF THE DAY

- _____
- _____
- _____
- _____
- _____
- _____
- _____
- _____
- _____
- _____

Date:_____          Day:_____

## TOP PRIORITY TASKS

- _____
- _____
- _____
- _____
- _____
- _____
- _____
- _____
- _____
- _____

"YOU MUST BE THE CHANGE YOU
WISH TO SEE IN THE WORLD."

*~ MAHATMA GANDHI ~*

## TODAY, I AM GRATEFUL FOR...

_____

_____

_____

_____

_____

## NOTES

_____
_____
_____
_____
_____
_____
_____
_____

How productive were you today?  | 1 | 2 | 3 | 4 | 5 |

## TASKS OF THE DAY

- _____
- _____
- _____
- _____
- _____
- _____
- _____
- _____
- _____
- _____

Date:_____                    Day:_____

## TOP PRIORITY TASKS

- _____
- _____
- _____
- _____
- _____
- _____
- _____
- _____
- _____
- _____

"THE WAY TO RIGHT WRONGS IS TO
TURN THE LIGHT OF TRUTH UPON
THEM."

*- IDA B. WELLS -*

## TODAY, I AM GRATEFUL FOR...

_____

_____

_____

_____

_____

## NOTES

_____
_____
_____
_____
_____
_____
_____
_____
_____

How productive were you today?    | 1 | 2 | 3 | 4 | 5 |

## TASKS OF THE DAY

- _____
- _____
- _____
- _____
- _____
- _____
- _____
- _____
- _____
- _____

Date:_____        Day:_____

## TOP PRIORITY TASKS

- _____
- _____
- _____
- _____
- _____
- _____
- _____
- _____
- _____
- _____

"RAISE YOUR WORDS, NOT VOICE. IT IS RAIN THAT GROWS FLOWERS, NOT THUNDER."

*- RUMI -*

## TODAY, I AM GRATEFUL FOR...

_____

_____

_____

_____

## NOTES

_____
_____
_____
_____
_____
_____
_____
_____

How productive were you today?    | 1 | 2 | 3 | 4 | 5 |

## TASKS OF THE DAY

- _____
- _____
- _____
- _____
- _____
- _____
- _____
- _____
- _____
- _____

Date:_____          Day:_____

## TOP PRIORITY TASKS

- _____
- _____
- _____
- _____
- _____
- _____
- _____
- _____
- _____
- _____

"LIFE SHRINKS OR EXPANDS IN
PROPORTION TO ONE'S COURAGE."

*- ANAÏS NIN -*

## TODAY, I AM GRATEFUL FOR...

_____

_____

_____

_____

## NOTES

_____
_____
_____
_____
_____
_____
_____
_____
_____

How productive were you today?   | 1 | 2 | 3 | 4 | 5 |

## TASKS OF THE DAY

- _____
- _____
- _____
- _____
- _____
- _____
- _____
- _____
- _____

Date:_____          Day:_____

## TOP PRIORITY TASKS

- _____
- _____
- _____
- _____
- _____
- _____
- _____
- _____
- _____
- _____

"A PEOPLE WITHOUT THE
KNOWLEDGE OF THEIR PAST HISTORY,
ORIGIN, AND CULTURE IS LIKE A TREE
WITHOUT ROOTS."

*~ MARCUS GARVEY ~*

## TODAY, I AM GRATEFUL FOR...

_____
_____
_____
_____

## NOTES

_____
_____
_____
_____
_____
_____
_____
_____
_____

How productive were you today?   | 1 | 2 | 3 | 4 | 5 |

## TASKS OF THE DAY

- _____
- _____
- _____
- _____
- _____
- _____
- _____
- _____
- _____
- _____

Date:_____          Day:_____

## TOP PRIORITY TASKS

- _____
- _____
- _____
- _____
- _____
- _____
- _____
- _____
- _____
- _____

*"PEACE BEGINS WITH A SMILE."*

*~ MOTHER TERESA ~*

## TODAY, I AM GRATEFUL FOR...

_____

_____

_____

_____

## NOTES

_____

_____

_____

_____

_____

_____

_____

_____

How productive were you today?   | 1 | 2 | 3 | 4 | 5 |

## TASKS OF THE DAY

- _____
- _____
- _____
- _____
- _____
- _____
- _____
- _____
- _____
- _____

Date:_____     Day:_____

## TOP PRIORITY TASKS

- _____
- _____
- _____
- _____
- _____
- _____
- _____
- _____
- _____
- _____

"SPEAK YOUR MIND, EVEN IF
YOURVOICE SHAKES."

*- MAGGIE KUHN -*

## TODAY, I AM GRATEFUL FOR..

_____
_____
_____
_____
_____

## NOTES

_____
_____
_____
_____
_____
_____
_____
_____

How productive were you today?   | 1 | 2 | 3 | 4 | 5 |

## TASKS OF THE DAY

- _____
- _____
- _____
- _____
- _____
- _____
- _____
- _____
- _____
- _____

Date:_____     Day:_____

## TOP PRIORITY TASKS

- _____
- _____
- _____
- _____
- _____
- _____
- _____
- _____
- _____
- _____

*"WE DON'T SEE THINGS AS THEY ARE, WE SEE THEM AS WE ARE."*

*- ANAÏS NIN -*

## TODAY, I AM GRATEFUL FOR...

_____

_____

_____

_____

_____

## NOTES

_____

_____

_____

_____

_____

_____

_____

_____

_____

How productive were you today?   | 1 | 2 | 3 | 4 | 5 |

## TASKS OF THE DAY

- _____
- _____
- _____
- _____
- _____
- _____
- _____
- _____
- _____
- _____

Date:_____

Day:_____

## TOP PRIORITY TASKS

- _____
- _____
- _____
- _____
- _____
- _____
- _____
- _____
- _____
- _____

"YOU CANNOT FIND PEACE BY
AVOIDING LIFE."

*~ VIRGINIA WOOLF ~*

## TODAY, I AM GRATEFUL FOR...

_____

_____

_____

_____

_____

## NOTES

_____

_____

_____

_____

_____

_____

_____

_____

_____

How productive were you today?   | 1 | 2 | 3 | 4 | 5 |

## TASKS OF THE DAY

- _____
- _____
- _____
- _____
- _____
- _____
- _____
- _____
- _____
- _____

Date:_____          Day:_____

## TOP PRIORITY TASKS

- _____
- _____
- _____
- _____
- _____
- _____
- _____
- _____
- _____
- _____

"WE ARE WHAT WE REPEATEDLY DO.
EXCELLENCE, THEN, IS NOT AN ACT,
BUT A HABIT."

*- WILL DURANT -*

## TODAY, I AM GRATEFUL FOR...

_____

_____

_____

_____

## NOTES

_____
_____
_____
_____
_____
_____
_____
_____
_____

How productive were you today?   | 1 | 2 | 3 | 4 | 5 |

## TASKS OF THE DAY

- _____
- _____
- _____
- _____
- _____
- _____
- _____
- _____
- _____
- _____

Date:_____ Day:_____

## TOP PRIORITY TASKS

- _____
- _____
- _____
- _____
- _____
- _____
- _____
- _____
- _____
- _____

"SERVICE TO OTHERS IS THE RENT
YOU PAY FOR YOUR ROOM HERE
ON EARTH."

*- MUHAMMAD ALI -*

## TODAY, I AM GRATEFUL FOR..

_____

_____

_____

_____

_____

## NOTES

_____
_____
_____
_____
_____
_____
_____
_____
_____
_____

How productive were you today?  | 1 | 2 | 3 | 4 | 5 |

## TASKS OF THE DAY

- _____
- _____
- _____
- _____
- _____
- _____
- _____
- _____
- _____
- _____
- _____

Date:_____    Day:_____

## TOP PRIORITY TASKS

- _____
- _____
- _____
- _____
- _____
- _____
- _____
- _____
- _____
- _____

"KNOWING OTHERS IS
INTELLIGENCE; KNOWING YOURSELF
IS TRUE WISDOM."

*- LAO TZU -*

## TODAY, I AM GRATEFUL FOR...

_____
_____
_____
_____
_____

## NOTES

_____
_____
_____
_____
_____
_____
_____
_____

How productive were you today?   | 1 | 2 | 3 | 4 | 5 |

## TASKS OF THE DAY

- _____
- _____
- _____
- _____
- _____
- _____
- _____
- _____
- _____
- _____

Date:_____          Day:_____

## TOP PRIORITY TASKS

- _____
- _____
- _____
- _____
- _____
- _____
- _____
- _____
- _____
- _____

"YOU MAY NOT CONTROL ALL THE
EVENTS THAT HAPPEN TO YOU, BUT
YOU CAN DECIDE NOT TO BE
REDUCED BY THEM."

*- MAYA ANGELOU -*

## TODAY, I AM GRATEFUL FOR..

_____

_____

_____

_____

_____

## NOTES

_____

_____

_____

_____

_____

_____

_____

_____

_____

How productive were you today?   | 1 | 2 | 3 | 4 | 5 |

## TASKS OF THE DAY

- _____
- _____
- _____
- _____
- _____
- _____
- _____
- _____
- _____
- _____

Date:_____ Day:_____

## TOP PRIORITY TASKS

- _____
- _____
- _____
- _____
- _____
- _____
- _____
- _____
- _____
- _____

"LIFE IS ABOUT MAKING AN IMPACT,
NOT MAKING AN INCOME."

*- KEVIN KRUSE -*

## TODAY, I AM GRATEFUL FOR...

_____

_____

_____

_____

## NOTES

_____

_____

_____

_____

_____

_____

_____

_____

How productive were you today?   | 1 | 2 | 3 | 4 | 5 |

## TASKS OF THE DAY

- _____
- _____
- _____
- _____
- _____
- _____
- _____
- _____
- _____
- _____

Date:_____ Day:_____

## TOP PRIORITY TASKS

- _____
- _____
- _____
- _____
- _____
- _____
- _____
- _____
- _____
- _____

"WHAT YOU DO MAKES A DIFFERENCE, AND YOU HAVE TO DECIDE WHAT KINDOF DIFFERENCE YOU WANT TO MAKE."

*- JANE GOODALL -*

## TODAY, I AM GRATEFUL FOR...

_____
_____
_____
_____
_____

## NOTES

_____
_____
_____
_____
_____
_____
_____
_____
_____

How productive were you today?  | 1 | 2 | 3 | 4 | 5 |

## TASKS OF THE DAY

- _____
- _____
- _____
- _____
- _____
- _____
- _____
- _____
- _____
- _____

Date:_____          Day:_____

## TOP PRIORITY TASKS

- _____
- _____
- _____
- _____
- _____
- _____
- _____
- _____
- _____
- _____

"MAN IS NOT MADE FOR DEFEAT. A
MAN CAN BE DESTROYED BUT NOT
DEFEATED."

*- ERNEST HEMINGWAY -*

## TODAY, I AM GRATEFUL FOR...

_____
_____
_____
_____
_____

## NOTES

_____
_____
_____
_____
_____
_____
_____
_____
_____

How productive were you today?  | 1 | 2 | 3 | 4 | 5 |

## TASKS OF THE DAY

- _____
- _____
- _____
- _____
- _____
- _____
- _____
- _____
- _____
- _____

Date:_____ Day:_____

## TOP PRIORITY TASKS

- _____
- _____
- _____
- _____
- _____
- _____
- _____
- _____
- _____
- _____

"TURN YOUR FACE TO THE SUN AND
THE SHADOWS FALL BEHIND YOU."

*- MAORI PROVERB -*

## TODAY, I AM GRATEFUL FOR...

_____
_____
_____
_____
_____

## NOTES

_____
_____
_____
_____
_____
_____
_____
_____
_____

How productive were you today?  | 1 | 2 | 3 | 4 | 5 |

## TASKS OF THE DAY

- _____
- _____
- _____
- _____
- _____
- _____
- _____
- _____
- _____
- _____

Date:_____          Day:_____

## TOP PRIORITY TASKS

- _____
- _____
- _____
- _____
- _____
- _____
- _____
- _____
- _____
- _____

## TODAY, I AM GRATEFUL FOR...

_____

_____

_____

_____

_____

## NOTES

_____
_____
_____
_____
_____
_____
_____
_____
_____

How productive were you today?  | 1 | 2 | 3 | 4 | 5 |

## TASKS OF THE DAY

- _____
- _____
- _____
- _____
- _____
- _____
- _____
- _____
- _____
- _____

Date:_____                         Day:_____

## TOP PRIORITY TASKS

- _____
- _____
- _____
- _____
- _____
- _____
- _____
- _____
- _____
- _____

"DON'T COMPROMISE YOURSELF.
YOU'RE ALL YOU'VE GOT."

*- JANIS JOPLIN -*

## TODAY, I AM GRATEFUL FOR...

_____
_____
_____
_____
_____

## NOTES

_____
_____
_____
_____
_____
_____
_____
_____
_____

How productive were you today?

| 1 | 2 | 3 | 4 | 5 |
|---|---|---|---|---|

## TASKS OF THE DAY

- _____
- _____
- _____
- _____
- _____
- _____
- _____
- _____
- _____
- _____

Date:_____　　　　　　　　Day:_____

## TOP PRIORITY TASKS

- _____
- _____
- _____
- _____
- _____
- _____
- _____
- _____
- _____
- _____

*"THE MAN WHO MOVES A MOUNTAIN BEGINS BY CARRYING AWAY SMALL STONES."*

*- CONFUCIUS -*

## TODAY, I AM GRATEFUL FOR...

_____
_____
_____
_____
_____

## NOTES

_____
_____
_____
_____
_____
_____
_____
_____
_____

How productive were you today?　| 1 | 2 | 3 | 4 | 5 |

## TASKS OF THE DAY

- _____
- _____
- _____
- _____
- _____
- _____
- _____
- _____
- _____

Date:_____

Day:_____

## TOP PRIORITY TASKS

- _____
- _____
- _____
- _____
- _____
- _____
- _____
- _____
- _____
- _____

"THE MOST COURAGEOUS ACT IS
STILL TO THINK FOR YOURSELF.
ALOUD."

*- COCO CHANEL -*

## TODAY, I AM GRATEFUL FOR...

_____

_____

_____

_____

## NOTES

_____

_____

_____

_____

_____

_____

_____

_____

_____

How productive were you today?   | 1 | 2 | 3 | 4 | 5 |

## TASKS OF THE DAY

- _____
- _____
- _____
- _____
- _____
- _____
- _____
- _____
- _____
- _____

Date:_____          Day:_____

## TOP PRIORITY TASKS

- _____
- _____
- _____
- _____
- _____
- _____
- _____
- _____
- _____
- _____

"BE WHO YOU ARE AND SAY WHAT
YOU FEEL, BECAUSE THOSE WHO
MIND DON'T MATTER, AND THOSE
WHO MATTER DON'T MIND."

*- DR. SEUSS -*

## TODAY, I AM GRATEFUL FOR...

_____
_____
_____
_____
_____

## NOTES

_____
_____
_____
_____
_____
_____
_____
_____
_____

How productive were you today?   | 1 | 2 | 3 | 4 | 5 |

## TASKS OF THE DAY

- _____
- _____
- _____
- _____
- _____
- _____
- _____
- _____
- _____
- _____

Date:_____     Day:_____

## TOP PRIORITY TASKS

- _____
- _____
- _____
- _____
- _____
- _____
- _____
- _____
- _____
- _____

*"A MAN IS BUT WHAT HE KNOWS."*

*- FRANCIS BACON -*

## TODAY, I AM GRATEFUL FOR...

_____
_____
_____
_____
_____
_____

## NOTES

_____
_____
_____
_____
_____
_____
_____
_____
_____

How productive were you today?  | 1 | 2 | 3 | 4 | 5 |

## TASKS OF THE DAY

- _____
- _____
- _____
- _____
- _____
- _____
- _____
- _____
- _____
- _____

Date:_____                                   Day:_____

## TOP PRIORITY TASKS

- _____
- _____
- _____
- _____
- _____
- _____
- _____
- _____
- _____
- _____

## TODAY, I AM GRATEFUL FOR...

_____
_____
_____
_____
_____

## NOTES

_____
_____
_____
_____
_____
_____
_____
_____
_____

How productive were you today?   | 1 | 2 | 3 | 4 | 5 |

## TASKS OF THE DAY

- _____
- _____
- _____
- _____
- _____
- _____
- _____
- _____
- _____
- _____

Date:_____

Day:_____

## TOP PRIORITY TASKS

- _____
- _____
- _____
- _____
- _____
- _____
- _____
- _____
- _____
- _____

"TO HANDLE YOURSELF, USE YOUR HEAD; TO HANDLE OTHERS, USE YOUR HEART."

*~ ELEANOR ROOSEVELT ~*

## TODAY, I AM GRATEFUL FOR...

_____

_____

_____

_____

_____

## NOTES

_____

_____

_____

_____

_____

_____

_____

_____

_____

How productive were you today?   | 1 | 2 | 3 | 4 | 5 |

## TASKS OF THE DAY

- _____
- _____
- _____
- _____
- _____
- _____
- _____
- _____
- _____
- _____

Date:_____                    Day:_____

## TOP PRIORITY TASKS

- _____
- _____
- _____
- _____
- _____
- _____
- _____
- _____
- _____
- _____

> "THE SOUL BECOMES DYED WITH
> THE COLOR OF ITS THOUGHTS."
>
> *- MARCUS AURELIUS -*

## TODAY, I AM GRATEFUL FOR...

_____

_____

_____

_____

## NOTES

_____

_____

_____

_____

_____

_____

_____

_____

_____

How productive were you today?   | 1 | 2 | 3 | 4 | 5 |

## TASKS OF THE DAY

- _____
- _____
- _____
- _____
- _____
- _____
- _____
- _____
- _____
- _____

Date:_____          Day:_____

## TOP PRIORITY TASKS

- _____
- _____
- _____
- _____
- _____
- _____
- _____
- _____
- _____
- _____

"IF YOU'RE GOING THROUGH HELL,
KEEP GOING."

*- WINSTON CHURCHILL -*

## TODAY, I AM GRATEFUL FOR...

_____
_____
_____
_____
_____

## NOTES

_____
_____
_____
_____
_____
_____
_____
_____
_____

How productive were you today?    | 1 | 2 | 3 | 4 | 5 |

## TASKS OF THE DAY

- _____
- _____
- _____
- _____
- _____
- _____
- _____
- _____
- _____
- _____

Date:_____     Day:_____

## TOP PRIORITY TASKS

- _____
- _____
- _____
- _____
- _____
- _____
- _____
- _____
- _____
- _____

"BLESSED ARE THE HEARTS THAT
CAN BEND; THEY SHALL NEVER BE
BROKEN."

*- ALBERT CAMUS -*

## TODAY, I AM GRATEFUL FOR...

_____
_____
_____
_____
_____

## NOTES

_____
_____
_____
_____
_____
_____
_____
_____

How productive were you today?  | 1 | 2 | 3 | 4 | 5 |

## TASKS OF THE DAY

- _____
- _____
- _____
- _____
- _____
- _____
- _____
- _____
- _____
- _____

Date:_____          Day:_____

## TOP PRIORITY TASKS

- _____
- _____
- _____
- _____
- _____
- _____
- _____
- _____
- _____
- _____

"EDUCATION IS THE MOST
POWERFUL WEAPON WHICH YOU
CAN USE TO CHANGE THE WORLD."

*- NELSON MANDELA -*

## TODAY, I AM GRATEFUL FOR...

_____
_____
_____
_____
_____

## NOTES

_____
_____
_____
_____
_____
_____
_____
_____
_____

How productive were you today?  | 1 | 2 | 3 | 4 | 5 |

## TASKS OF THE DAY

- _____
- _____
- _____
- _____
- _____
- _____
- _____
- _____
- _____
- _____

Date:_____

Day:_____

## TOP PRIORITY TASKS

- _____
- _____
- _____
- _____
- _____
- _____
- _____
- _____
- _____
- _____

"NO PRICE IS TOO HIGH TO PAY FOR
THE PRIVILEGE OF OWNING
YOURSELF."

*- FRIEDRICH NIETZSCHE -*

## TODAY, I AM GRATEFUL FOR...

_____
_____
_____
_____
_____

## NOTES

_____
_____
_____
_____
_____
_____
_____
_____

How productive were you today?  | 1 | 2 | 3 | 4 | 5 |

## TASKS OF THE DAY

- _____
- _____
- _____
- _____
- _____
- _____
- _____
- _____
- _____
- _____

# August

Date:_____          Day:_____

## TOP PRIORITY TASKS

- _____
- _____
- _____
- _____
- _____
- _____
- _____
- _____
- _____
- _____

"TO LOVE AND BE LOVED IS TO FEEL
THE SUN FROM BOTH SIDES."

*- DAVID VISCOTT -*

## TODAY, I AM GRATEFUL FOR...

_____

_____

_____

_____

_____

## NOTES

_____
_____
_____
_____
_____
_____
_____
_____
_____

How productive were you today?   | 1 | 2 | 3 | 4 | 5 |

## TASKS OF THE DAY

- _____
- _____
- _____
- _____
- _____
- _____
- _____
- _____
- _____
- _____

Date:_____          Day:_____

## TOP PRIORITY TASKS

- _____
- _____
- _____
- _____
- _____
- _____
- _____
- _____
- _____
- _____

"THE ONLY THING WORSE THAN
BEING BLIND IS HAVING SIGHT BUT
NO VISION."

*- HELEN KELLER -*

## TODAY, I AM GRATEFUL FOR...

_____

_____

_____

_____

## NOTES

_____

_____

_____

_____

_____

_____

_____

_____

_____

How productive were you today?   | 1 | 2 | 3 | 4 | 5 |

## TASKS OF THE DAY

- _____
- _____
- _____
- _____
- _____
- _____
- _____
- _____
- _____
- _____

Date:_____ Day:_____

## TOP PRIORITY TASKS

- _____
- _____
- _____
- _____
- _____
- _____
- _____
- _____
- _____
- _____

*"DON'T JUDGE EACH DAY BY THE HARVEST YOU REAP BUT BY THE SEEDS THAT YOU PLANT."*

*- ROBERT LOUIS STEVENSON -*

## TODAY, I AM GRATEFUL FOR...

_____

_____

_____

_____

_____

## NOTES

_____
_____
_____
_____
_____
_____
_____
_____
_____

How productive were you today? | 1 | 2 | 3 | 4 | 5 |

## TASKS OF THE DAY

- _____
- _____
- _____
- _____
- _____
- _____
- _____
- _____
- _____
- _____

Date:_____     Day:_____

## TOP PRIORITY TASKS

- _____
- _____
- _____
- _____
- _____
- _____
- _____
- _____
- _____
- _____

"FREEDOM IS THE OXYGEN OF
THE SOUL."

*~ MOSHE DAYAN ~*

## TODAY, I AM GRATEFUL FOR...

_____

_____

_____

_____

_____

## NOTES

_____

_____

_____

_____

_____

_____

_____

_____

_____

How productive were you today?   | 1 | 2 | 3 | 4 | 5 |

## TASKS OF THE DAY

- _____
- _____
- _____
- _____
- _____
- _____
- _____
- _____
- _____
- _____

Date:_____          Day:_____

## TOP PRIORITY TASKS

- _____
- _____
- _____
- _____
- _____
- _____
- _____
- _____
- _____
- _____

## TODAY, I AM GRATEFUL FOR...

_____

_____

_____

_____

_____

## NOTES

_____

_____

_____

_____

_____

_____

_____

_____

How productive were you today?   | 1 | 2 | 3 | 4 | 5 |

## TASKS OF THE DAY

- _____
- _____
- _____
- _____
- _____
- _____
- _____
- _____
- _____
- _____

Date:_____          Day:_____

## TOP PRIORITY TASKS

- _____
- _____
- _____
- _____
- _____
- _____
- _____
- _____
- _____
- _____

"YOU ONLY LIVE ONCE, BUT IF YOU
DO IT RIGHT, ONCE IS ENOUGH."

*- MAE WEST -*

## TODAY, I AM GRATEFUL FOR..

_____
_____
_____
_____
_____

## NOTES

_____
_____
_____
_____
_____
_____
_____
_____
_____

How productive were you today?   | 1 | 2 | 3 | 4 | 5 |

## TASKS OF THE DAY

- _____
- _____
- _____
- _____
- _____
- _____
- _____
- _____
- _____
- _____

Date:_____ Day:_____

## TOP PRIORITY TASKS

- _____
- _____
- _____
- _____
- _____
- _____
- _____
- _____
- _____
- _____

"DREAMS DON'T WORK UNLESS
YOU DO."

*~ JOHN C. MAXWELL ~*

## TODAY, I AM GRATEFUL FOR...

_____

_____

_____

_____

## NOTES

_____
_____
_____
_____
_____
_____
_____
_____
_____

How productive were you today?   | 1 | 2 | 3 | 4 | 5 |

## TASKS OF THE DAY

- _____
- _____
- _____
- _____
- _____
- _____
- _____
- _____
- _____
- _____

Date:_____          Day:_____

## TOP PRIORITY TASKS

- _____
- _____
- _____
- _____
- _____
- _____
- _____
- _____
- _____
- _____

"WHEN YOU LEARN, TEACH. WHEN
YOU GET, GIVE."

*~ MAYA ANGELOU ~*

### TODAY, I AM GRATEFUL FOR...

_____
_____
_____
_____

## NOTES

_____
_____
_____
_____
_____
_____
_____
_____
_____

How productive were you today?   | 1 | 2 | 3 | 4 | 5 |

## TASKS OF THE DAY

- _____
- _____
- _____
- _____
- _____
- _____
- _____
- _____
- _____
- _____

Date:_____

Day:_____

## TOP PRIORITY TASKS

- _____
- _____
- _____
- _____
- _____
- _____
- _____
- _____
- _____
- _____

"YOU ARE NEVER TOO OLD TO SET ANOTHER GOAL OR TO DREAM A NEW DREAM."

*~ C.S. LEWIS ~*

## TODAY, I AM GRATEFUL FOR...

_____

_____

_____

_____

## NOTES

_____

_____

_____

_____

_____

_____

_____

_____

How productive were you today?

| 1 | 2 | 3 | 4 | 5 |

## TASKS OF THE DAY

- _____
- _____
- _____
- _____
- _____
- _____
- _____
- _____
- _____
- _____

Date:_____ Day:_____

## TOP PRIORITY TASKS

- _____
- _____
- _____
- _____
- _____
- _____
- _____
- _____
- _____

"GREAT THINGS ARE NOT DONE BY
IMPULSE, BUT BY A SERIES OF SMALL
THINGS BROUGHT TOGETHER."

*- VINCENT VAN GOGH -*

## TODAY, I AM GRATEFUL FOR...

_____

_____

_____

_____

## NOTES

_____
_____
_____
_____
_____
_____
_____
_____

How productive were you today?  | 1 | 2 | 3 | 4 | 5 |

## TASKS OF THE DAY

- _____
- _____
- _____
- _____
- _____
- _____
- _____
- _____
- _____
- _____

Date:_____          Day:_____

## TOP PRIORITY TASKS

- _____
- _____
- _____
- _____
- _____
- _____
- _____
- _____
- _____
- _____

"SUCCESS IS STUMBLING FROM
FAILURE TO FAILURE WITH NO LOSS
OF ENTHUSIASM."

*~ WINSTON CHURCHILL ~*

## TODAY, I AM GRATEFUL FOR...

_____

_____

_____

_____

## NOTES

_____
_____
_____
_____
_____
_____
_____
_____
_____

How productive were you today?   | 1 | 2 | 3 | 4 | 5 |

## TASKS OF THE DAY

- _____
- _____
- _____
- _____
- _____
- _____
- _____
- _____
- _____
- _____

Date:_____          Day _____

## TOP PRIORITY TASKS

- _____
- _____
- _____
- _____
- _____
- _____
- _____
- _____
- _____
- _____

"IF I HAD EIGHT HOURS TO CHOP
DOWN A TREE, I'D SPEND SIX
SHARPENING MY AXE."

*~ ABRAHAM LINCOLN*

## TODAY, I AM GRATEFUL FOR..

_____
_____
_____
_____
_____

## NOTES

_____
_____
_____
_____
_____
_____
_____
_____
_____

How productive were you today?   | 1 | 2 | 3 | 4 | 5 |

## TASKS OF THE DAY

- _____
- _____
- _____
- _____
- _____
- _____
- _____
- _____
- _____
- _____

Date:_____          Day:_____

## TOP PRIORITY TASKS

- _____
- _____
- _____
- _____
- _____
- _____
- _____
- _____
- _____
- _____

"YOU CAN'T DEPEND ON YOUR EYES
WHEN YOUR IMAGINATION IS OUT
OF FOCUS."

*- MARK TWAIN -*

## TODAY, I AM GRATEFUL FOR...

_____
_____
_____
_____

## NOTES

_____
_____
_____
_____
_____
_____
_____
_____

How productive were you today?   | 1 | 2 | 3 | 4 | 5 |

## TASKS OF THE DAY

- _____
- _____
- _____
- _____
- _____
- _____
- _____
- _____
- _____

Date:_____          Day:_____

## TOP PRIORITY TASKS

- _____
- _____
- _____
- _____
- _____
- _____
- _____
- _____
- _____
- _____

"THERE IS NO GREATER EDUCATION
THAN ONE THAT IS SELF-DRIVEN."

*~ NEIL DEGRASSE TYSON ~*

## TODAY, I AM GRATEFUL FOR..

_____

_____

_____

_____

_____

## NOTES

_____

_____

_____

_____

_____

_____

_____

_____

_____

How productive were you today?    | 1 | 2 | 3 | 4 | 5 |

## TASKS OF THE DAY

- _____
- _____
- _____
- _____
- _____
- _____
- _____
- _____
- _____
- _____

Date:_____     Day:_____

## TOP PRIORITY TASKS

- _____
- _____
- _____
- _____
- _____
- _____
- _____
- _____
- _____
- _____

## TODAY, I AM GRATEFUL FOR...

_____
_____
_____
_____
_____

## NOTES

_____
_____
_____
_____
_____
_____
_____
_____
_____

How productive were you today?   | 1 | 2 | 3 | 4 | 5 |

## TASKS OF THE DAY

- _____
- _____
- _____
- _____
- _____
- _____
- _____
- _____
- _____
- _____

Date:_____          Day:_____

## TOP PRIORITY TASKS

- _____
- _____
- _____
- _____
- _____
- _____
- _____
- _____
- _____
- _____

"THE GREATEST GLORY IN LIVING
LIES NOT IN NEVER FALLING, BUT
IN RISING EVERY TIME WE FALL."

*~ NELSON MANDELA ~*

## TODAY, I AM GRATEFUL FOR...

_____

_____

_____

_____

_____

## NOTES

_____
_____
_____
_____
_____
_____
_____
_____
_____

How productive were you today?   | 1 | 2 | 3 | 4 | 5 |

## TASKS OF THE DAY

- _____
- _____
- _____
- _____
- _____
- _____
- _____
- _____
- _____
- _____

Date:_____                      Day:_____

## TOP PRIORITY TASKS

- _____
- _____
- _____
- _____
- _____
- _____
- _____
- _____
- _____
- _____

"A GOAL WITHOUT A PLAN IS JUST
A WISH."

*~ ANTOINE DE SAINT-EXUPÉRY ~*

## TODAY, I AM GRATEFUL FOR...

_____
_____
_____
_____

## NOTES

_____
_____
_____
_____
_____
_____
_____
_____
_____

How productive were you today?   | 1 | 2 | 3 | 4 | 5 |

## TASKS OF THE DAY

- _____
- _____
- _____
- _____
- _____
- _____
- _____
- _____
- _____

Date:_____ Day:_____

## TOP PRIORITY TASKS

- _____
- _____
- _____
- _____
- _____
- _____
- _____
- _____
- _____
- _____

"THERE IS NO INNOVATION AND
CREATIVITY WITHOUT FAILURE."

*~ BRENÉ BROWN ~*

## TODAY, I AM GRATEFUL FOR...

_____

_____

_____

_____

## NOTES

_____

_____

_____

_____

_____

_____

_____

_____

How productive were you today? | 1 | 2 | 3 | 4 | 5 |

## TASKS OF THE DAY

- _____
- _____
- _____
- _____
- _____
- _____
- _____
- _____
- _____
- _____

Date:_____ Day:_____

## TOP PRIORITY TASKS

- _____
- _____
- _____
- _____
- _____
- _____
- _____
- _____
- _____
- _____

"HE WHO OPENS A SCHOOL DOOR,
CLOSES A PRISON."

*~ VICTOR HUGO ~*

## TODAY, I AM GRATEFUL FOR...

_____

_____

_____

_____

_____

## NOTES

_____
_____
_____
_____
_____
_____
_____
_____
_____

How productive were you today?   | 1 | 2 | 3 | 4 | 5 |

## TASKS OF THE DAY

- _____
- _____
- _____
- _____
- _____
- _____
- _____
- _____
- _____
- _____

Date:_____    Day:_____

## TOP PRIORITY TASKS

- _____
- _____
- _____
- _____
- _____
- _____
- _____
- _____
- _____
- _____

"IF YOU WANT TO FLY, YOU HAVE
TO GIVE UP THE THINGS THAT
WEIGH YOU DOWN."

*~ TONI MORRISON ~*

## TODAY, I AM GRATEFUL FOR...

_____
_____
_____
_____
_____

## NOTES

_____
_____
_____
_____
_____
_____
_____
_____
_____

How productive were you today?

| 1 | 2 | 3 | 4 | 5 |
|---|---|---|---|---|

## TASKS OF THE DAY

- _____
- _____
- _____
- _____
- _____
- _____
- _____
- _____
- _____
- _____

Date:_____          Day:_____

## TOP PRIORITY TASKS

- _____
- _____
- _____
- _____
- _____
- _____
- _____
- _____
- _____
- _____

*"IF YOU CAN'T FLY THEN RUN, IF YOU CAN'T RUN THEN WALK, IF YOU CAN'T WALK THEN CRAWL, BUT WHATEVER YOU DO YOU HAVE TO KEEP MOVING FORWARD."*

*~ MARTIN LUTHER KING JR ~*

## TODAY. I AM GRATEFUL FOR...

_____
_____
_____
_____
_____

## NOTES

_____
_____
_____
_____
_____
_____
_____
_____

How productive were you today?   | 1 | 2 | 3 | 4 | 5 |

## TASKS OF THE DAY

- _____
- _____
- _____
- _____
- _____
- _____
- _____
- _____
- _____

Date:_____ Day:_____

## TOP PRIORITY TASKS

- _____
- _____
- _____
- _____
- _____
- _____
- _____
- _____
- _____
- _____

"DON'T BE PUSHED AROUND BY THE
FEARS IN YOUR MIND. BE LED BY THE
DREAMS IN YOUR HEART."

*~ ROY T. BENNETT ~*

## TODAY, I AM GRATEFUL FOR...

_____

_____

_____

_____

## NOTES

_____
_____
_____
_____
_____
_____
_____
_____

How productive were you today?   | 1 | 2 | 3 | 4 | 5 |

## TASKS OF THE DAY

- _____
- _____
- _____
- _____
- _____
- _____
- _____
- _____
- _____
- _____

Date:_____    Day:_____

## TOP PRIORITY TASKS

- _____
- _____
- _____
- _____
- _____
- _____
- _____
- _____
- _____
- _____

"DON'T BE PUSHED AROUND BY THE
FEARS IN YOUR MIND. BE LED BY THE
DREAMS IN YOUR HEART."

*- ROY T. BENNETT -*

## TODAY, I AM GRATEFUL FOR...

_____
_____
_____
_____
_____

## NOTES

_____
_____
_____
_____
_____
_____
_____
_____
_____

How productive were you today?   | 1 | 2 | 3 | 4 | 5 |

## TASKS OF THE DAY

- _____
- _____
- _____
- _____
- _____
- _____
- _____
- _____
- _____
- _____

Date:_____          Day:_____

## TOP PRIORITY TASKS

- _____
- _____
- _____
- _____
- _____
- _____
- _____
- _____
- _____
- _____

> "THE ONLY THING NECESSARY FOR THE TRIUMPH OF EVIL IS FOR GOOD MEN TO DO NOTHING."
>
> *- EDMUND BURKE -*

## TODAY, I AM GRATEFUL FOR...

_____

_____

_____

_____

_____

## NOTES

_____
_____
_____
_____
_____
_____
_____
_____
_____

How productive were you today?   | 1 | 2 | 3 | 4 | 5 |

## TASKS OF THE DAY

- _____
- _____
- _____
- _____
- _____
- _____
- _____
- _____
- _____
- _____

Date:_____     Day:_____

## TOP PRIORITY TASKS

- _____
- _____
- _____
- _____
- _____
- _____
- _____
- _____
- _____
- _____

## TODAY, I AM GRATEFUL FOR...

_____
_____
_____
_____

## NOTES

_____
_____
_____
_____
_____
_____
_____
_____
_____

How productive were you today?   | 1 | 2 | 3 | 4 | 5 |

## TASKS OF THE DAY

- _____
- _____
- _____
- _____
- _____
- _____
- _____
- _____
- _____
- _____

Date:_____          Day:_____

## TOP PRIORITY TASKS

- _____
- _____
- _____
- _____
- _____
- _____
- _____
- _____
- _____
- _____

"EVERY STRIKE BRINGS ME CLOSER
TO THE NEXT HOME RUN."

*~ BABE RUTH ~*

## TODAY, I AM GRATEFUL FOR...

_____
_____
_____
_____

## NOTES

_____
_____
_____
_____
_____
_____
_____
_____

How productive were you today?   | 1 | 2 | 3 | 4 | 5 |

## TASKS OF THE DAY

- _____
- _____
- _____
- _____
- _____
- _____
- _____
- _____
- _____

Date:_____                    Day:_____

## TOP PRIORITY TASKS

- _____
- _____
- _____
- _____
- _____
- _____
- _____
- _____
- _____
- _____

"THE BEST TIME TO PLANT A TREE
WAS 20 YEARS AGO. THE SECOND-
BEST TIME IS NOW."

*~ CHINESE PROVERB ~*

## TODAY, I AM GRATEFUL FOR...

_____

_____

_____

_____

## NOTES

_____
_____
_____
_____
_____
_____
_____
_____
_____

How productive were you today?   | 1 | 2 | 3 | 4 | 5 |

## TASKS OF THE DAY

- _____
- _____
- _____
- _____
- _____
- _____
- _____
- _____
- _____
- _____

Date:_____          Day:_____

## TOP PRIORITY TASKS

- _____
- _____
- _____
- _____
- _____
- _____
- _____
- _____
- _____
- _____

"HAPPINESS DEPENDS UPON
OURSELVES."

*- ARISTOTLE -*

## TODAY, I AM GRATEFUL FOR...

_____
_____
_____
_____

## NOTES

_____
_____
_____
_____
_____
_____
_____
_____

How productive were you today?   | 1 | 2 | 3 | 4 | 5 |

## TASKS OF THE DAY

- _____
- _____
- _____
- _____
- _____
- _____
- _____
- _____
- _____
- _____

Date:_____                    Day:_____

## TOP PRIORITY TASKS

- _____
- _____
- _____
- _____
- _____
- _____
- _____
- _____
- _____
- _____

"DO NOT WAIT FOR LEADERS; DO
IT ALONE, PERSON TO PERSON."

*~ MOTHER TERESA ~*

## TODAY, I AM GRATEFUL FOR...

_____

_____

_____

_____

_____

## NOTES

_____
_____
_____
_____
_____
_____
_____
_____
_____

How productive were you today?   | 1 | 2 | 3 | 4 | 5 |

## TASKS OF THE DAY

- _____
- _____
- _____
- _____
- _____
- _____
- _____
- _____
- _____

## TOP PRIORITY TASKS

- _____
- _____
- _____
- _____
- _____
- _____
- _____
- _____
- _____
- _____

Date:_____

Day:_____

"THE WORLD BREAKS EVERYONE,
AND AFTERWARD, SOME ARE STRONG
AT THE BROKEN PLACES."

*~ ERNEST HEMINGWAY ~*

## TODAY, I AM GRATEFUL FOR...

_____

_____

_____

_____

_____

## NOTES

_____

_____

_____

_____

_____

_____

_____

_____

How productive were you today? | 1 | 2 | 3 | 4 | 5 |

## TASKS OF THE DAY

- _____
- _____
- _____
- _____
- _____
- _____
- _____
- _____
- _____
- _____

Date:_____ Day:_____

## TOP PRIORITY TASKS

- _____
- _____
- _____
- _____
- _____
- _____
- _____
- _____
- _____
- _____

"LIVE YOUR BELIEFS AND YOU CAN
TURN THE WORLD AROUND."

*~ HENRY DAVID THOREAU ~*

## TODAY, I AM GRATEFUL FOR...

_____

_____

_____

_____

## NOTES

_____
_____
_____
_____
_____
_____
_____
_____

How productive were you today?   | 1 | 2 | 3 | 4 | 5 |

## TASKS OF THE DAY

- _____
- _____
- _____
- _____
- _____
- _____
- _____
- _____
- _____
- _____

# September

Date:_____                    Day:_____

## TOP PRIORITY TASKS

- _____
- _____
- _____
- _____
- _____
- _____
- _____
- _____
- _____
- _____

"TO LIVE IS THE RAREST THING IN
THE WORLD. MOST PEOPLE EXIST,
THAT IS ALL."

*- OSCAR WILDE -*

## TODAY, I AM GRATEFUL FOR...

_____
_____
_____
_____

## NOTES

_____
_____
_____
_____
_____
_____
_____
_____
_____

How productive were you today?    | 1 | 2 | 3 | 4 | 5 |

## TASKS OF THE DAY

- _____
- _____
- _____
- _____
- _____
- _____
- _____
- _____
- _____

Date:_____          Day:_____

## TOP PRIORITY TASKS

- _____
- _____
- _____
- _____
- _____
- _____
- _____
- _____
- _____
- _____

"THE ONLY LIMIT TO OUR
REALIZATION OF TOMORROW IS
OUR DOUBTS OF TODAY."

*- FRANKLIN D. ROOSEVELT*

## TODAY, I AM GRATEFUL FOR...

_____
_____
_____
_____

## NOTES

_____
_____
_____
_____
_____
_____
_____
_____

How productive were you today?   | 1 | 2 | 3 | 4 | 5 |

## TASKS OF THE DAY

- _____
- _____
- _____
- _____
- _____
- _____
- _____
- _____
- _____
- _____

Date: _____       Day: _____

## TOP PRIORITY TASKS

- _____
- _____
- _____
- _____
- _____
- _____
- _____
- _____
- _____
- _____

*"ACT AS IF WHAT YOU DO MAKES A DIFFERENCE. IT DOES."*

*- WILLIAM JAMES -*

## TODAY, I AM GRATEFUL FOR...

_____
_____
_____
_____

## NOTES

_____
_____
_____
_____
_____
_____
_____
_____

How productive were you today? | 1 | 2 | 3 | 4 | 5 |

## TASKS OF THE DAY

- _____
- _____
- _____
- _____
- _____
- _____
- _____
- _____
- _____
- _____

Date:_____

Day:_____

## TOP PRIORITY TASKS

- _____
- _____
- _____
- _____
- _____
- _____
- _____
- _____
- _____
- _____

*"A LOVING HEART IS THE TRUEST WISDOM."*

*- CHARLES DICKENS -*

## TODAY, I AM GRATEFUL FOR..

_____

_____

_____

_____

## NOTES

_____

_____

_____

_____

_____

_____

_____

_____

_____

How productive were you today? | 1 | 2 | 3 | 4 | 5 |

## TASKS OF THE DAY

- _____
- _____
- _____
- _____
- _____
- _____
- _____
- _____
- _____
- _____

Date:_____          Day:_____

## TOP PRIORITY TASKS

- _____
- _____
- _____
- _____
- _____
- _____
- _____
- _____
- _____
- _____

"PAIN IS INEVITABLE. SUFFERING
IS OPTIONAL."

*~ HARUKI MURAKAMI ~*

## TODAY, I AM GRATEFUL FOR...

_____
_____
_____
_____

## NOTES

_____
_____
_____
_____
_____
_____
_____
_____

How productive were you today?   | 1 | 2 | 3 | 4 | 5 |

## TASKS OF THE DAY

- _____
- _____
- _____
- _____
- _____
- _____
- _____
- _____
- _____
- _____

Date:_____          Day:_____

## TOP PRIORITY TASKS

- _____
- _____
- _____
- _____
- _____
- _____
- _____
- _____
- _____
- _____

> "WE MUST LEARN TO LIVE
> TOGETHER AS BROTHERS OR
> PERISH TOGETHER AS FOOLS."
>
> *- MARTIN LUTHER KING JR -*

## TODAY, I AM GRATEFUL FOR...

_____
_____
_____
_____

## NOTES

_____
_____
_____
_____
_____
_____
_____
_____

How productive were you today?  | 1 | 2 | 3 | 4 | 5 |

## TASKS OF THE DAY

- _____
- _____
- _____
- _____
- _____
- _____
- _____
- _____
- _____
- _____

Date:_____      Day:_____

## TOP PRIORITY TASKS

- _____
- _____
- _____
- _____
- _____
- _____
- _____
- _____
- _____
- _____

"A HERO IS SOMEONE WHO UNDERSTANDS THE RESPONSIBILITY THAT COMES WITH HIS FREEDOM."

*- BOB DYLAN -*

## TODAY, I AM GRATEFUL FOR...

_____

_____

_____

_____

## NOTES

_____
_____
_____
_____
_____
_____
_____
_____
_____

How productive were you today?   | 1 | 2 | 3 | 4 | 5 |

## TASKS OF THE DAY

- _____
- _____
- _____
- _____
- _____
- _____
- _____
- _____
- _____
- _____

Date:_____          Day:_____

## TOP PRIORITY TASKS

- _____
- _____
- _____
- _____
- _____
- _____
- _____
- _____
- _____
- _____

*"HAPPINESS IS NOT SOMETHING READY-MADE. IT COMES FROM YOUR OWN ACTIONS."*

*- DALAI LAMA -*

## TODAY, I AM GRATEFUL FOR..

_____
_____
_____
_____
_____

## NOTES

_____
_____
_____
_____
_____
_____
_____
_____

How productive were you today?   | 1 | 2 | 3 | 4 | 5 |

## TASKS OF THE DAY

- _____
- _____
- _____
- _____
- _____
- _____
- _____
- _____
- _____
- _____

Date:_____          Day:_____

## TOP PRIORITY TASKS

- _____
- _____
- _____
- _____
- _____
- _____
- _____
- _____
- _____
- _____

*"SUCCESS USUALLY COMES TO THOSE WHO ARE TOO BUSY TO BE LOOKING FOR IT."*

*- HENRY DAVID THOREAU -*

## TODAY, I AM GRATEFUL FOR...

_____
_____
_____
_____
_____

## NOTES

_____
_____
_____
_____
_____
_____
_____
_____

How productive were you today?   | 1 | 2 | 3 | 4 | 5 |

## TASKS OF THE DAY

- _____
- _____
- _____
- _____
- _____
- _____
- _____
- _____
- _____
- _____

Date:_____     Day:_____

## TOP PRIORITY TASKS

- _____
- _____
- _____
- _____
- _____
- _____
- _____
- _____
- _____
- _____

> "YOU DON'T HAVE TO SEE THE WHOLE STAIRCASE, JUST TAKE THE FIRST STEP."
>
> *- MARTIN LUTHER KING JR -*

## TODAY, I AM GRATEFUL FOR...

_____

_____

_____

_____

_____

## NOTES

_____

_____

_____

_____

_____

_____

_____

_____

How productive were you today?  | 1 | 2 | 3 | 4 | 5 |

## TASKS OF THE DAY

- _____
- _____
- _____
- _____
- _____
- _____
- _____
- _____
- _____
- _____

Date:_____          Day:_____

## TOP PRIORITY TASKS

- _____
- _____
- _____
- _____
- _____
- _____
- _____
- _____
- _____
- _____

"OUT OF DIFFICULTIES GROW MIRACLES."

*- JEAN DE LA BRUYÈRE -*

## TODAY, I AM GRATEFUL FOR...

_____
_____
_____
_____

## NOTES

_____
_____
_____
_____
_____
_____
_____
_____

How productive were you today?   | 1 | 2 | 3 | 4 | 5 |

## TASKS OF THE DAY

- _____
- _____
- _____
- _____
- _____
- _____
- _____
- _____
- _____

Date:_____                          Day:_____

## TOP PRIORITY TASKS

- _____
- _____
- _____
- _____
- _____
- _____
- _____
- _____
- _____
- _____

## NOTES

_____
_____
_____
_____
_____
_____
_____
_____

How productive were you today?   | 1 | 2 | 3 | 4 | 5 |

"THERE IS NO SUBSTITUTE FOR
HARD WORK."

*~ THOMAS EDISON ~*

## TODAY, I AM GRATEFUL FOR...

_____
_____
_____
_____
_____

## TASKS OF THE DAY

- _____
- _____
- _____
- _____
- _____
- _____
- _____
- _____
- _____
- _____

Date:_____          Day:_____

## TOP PRIORITY TASKS

- _____
- _____
- _____
- _____
- _____
- _____
- _____
- _____
- _____
- _____

"THE ONLY REAL VOYAGE OF
DISCOVERY CONSISTS NOT IN
SEEKING NEW LANDSCAPES, BUT
IN HAVING NEW EYES."

*~ MARCEL PROUST ~*

## TODAY, I AM GRATEFUL FOR...

_____
_____
_____
_____

## NOTES

_____
_____
_____
_____
_____
_____
_____
_____

How productive were you today?  | 1 | 2 | 3 | 4 | 5 |

## TASKS OF THE DAY

- _____
- _____
- _____
- _____
- _____
- _____
- _____
- _____
- _____

Date:_____     Day:_____

## TOP PRIORITY TASKS

- _____
- _____
- _____
- _____
- _____
- _____
- _____
- _____
- _____
- _____

> "WHEREVER YOU GO, GO WITH
> ALL YOUR HEART."
>
> *- CONFUCIUS -*

## TODAY, I AM GRATEFUL FOR..

_____
_____
_____
_____

## NOTES

_____
_____
_____
_____
_____
_____
_____
_____
_____

How productive were you today?   | 1 | 2 | 3 | 4 | 5 |

## TASKS OF THE DAY

- _____
- _____
- _____
- _____
- _____
- _____
- _____
- _____
- _____
- _____

Date:_____

Day:_____

## TOP PRIORITY TASKS

- _____
- _____
- _____
- _____
- _____
- _____
- _____
- _____
- _____
- _____

> "A MAN WHO DARES TO WASTE
> ONE HOUR OF TIME HAS NOT
> DISCOVERED THE VALUE OF LIFE."
>
> *~ CHARLES DARWIN ~*

## TODAY, I AM GRATEFUL FOR...

_____

_____

_____

_____

## NOTES

_____

_____

_____

_____

_____

_____

_____

_____

_____

How productive were you today?   | 1 | 2 | 3 | 4 | 5 |

## TASKS OF THE DAY

- _____
- _____
- _____
- _____
- _____
- _____
- _____
- _____
- _____

Date:_____     Day:_____

## TOP PRIORITY TASKS

- _____
- _____
- _____
- _____
- _____
- _____
- _____
- _____
- _____
- _____

"WHEN ONE DOOR OF HAPPINESS
CLOSES, ANOTHER OPENS."

*- HELEN KELLER -*

## TODAY, I AM GRATEFUL FOR..

_____
_____
_____
_____

## NOTES

_____
_____
_____
_____
_____
_____
_____
_____

How productive were you today?   | 1 | 2 | 3 | 4 | 5 |

## TASKS OF THE DAY

- _____
- _____
- _____
- _____
- _____
- _____
- _____
- _____
- _____
- _____

Date:_____      Day:_____

## TOP PRIORITY TASKS

- _____
- _____
- _____
- _____
- _____
- _____
- _____
- _____
- _____
- _____

"AN INVESTMENT IN KNOWLEDGE
ALWAYS PAYS THE BEST INTEREST."

*~ BENJAMIN FRANKLIN ~*

### TODAY, I AM GRATEFUL FOR...

_____

_____

_____

_____

_____

## NOTES

_____

_____

_____

_____

_____

_____

_____

_____

_____

How productive were you today?   | 1 | 2 | 3 | 4 | 5 |

## TASKS OF THE DAY

- _____
- _____
- _____
- _____
- _____
- _____
- _____
- _____
- _____
- _____

Date:_____          Day:_____

## TOP PRIORITY TASKS

- _____
- _____
- _____
- _____
- _____
- _____
- _____
- _____
- _____
- _____

**"DON'T LET SCHOOLING INTERFERE WITH YOUR EDUCATION."**

*~ MARK TWAIN ~*

## TODAY, I AM GRATEFUL FOR...

_____
_____
_____
_____
_____

## NOTES

_____
_____
_____
_____
_____
_____
_____
_____

How productive were you today?   | 1 | 2 | 3 | 4 | 5 |

## TASKS OF THE DAY

- _____
- _____
- _____
- _____
- _____
- _____
- _____
- _____
- _____
- _____

Date:_____ Day:_____

## TOP PRIORITY TASKS

- _____
- _____
- _____
- _____
- _____
- _____
- _____
- _____
- _____
- _____

"THE MORE I SEE, THE LESS I KNOW FOR SURE."

*- JOHN LENNON -*

## TODAY, I AM GRATEFUL FOR...

_____

_____

_____

_____

## NOTES

_____

_____

_____

_____

_____

_____

_____

_____

How productive were you today?   | 1 | 2 | 3 | 4 | 5 |

## TASKS OF THE DAY

- _____
- _____
- _____
- _____
- _____
- _____
- _____
- _____
- _____
- _____

Date:_____     Day:_____

## TOP PRIORITY TASKS

- _____
- _____
- _____
- _____
- _____
- _____
- _____
- _____
- _____
- _____

"DISCONTENT IS THE FIRST
NECESSITY OF PROGRESS."

*- THOMAS EDISON -*

## TODAY, I AM GRATEFUL FOR..

_____
_____
_____
_____
_____

## NOTES

_____
_____
_____
_____
_____
_____
_____
_____
_____

How productive were you today?  | 1 | 2 | 3 | 4 | 5 |

## TASKS OF THE DAY

- _____
- _____
- _____
- _____
- _____
- _____
- _____
- _____
- _____
- _____

Date:_____          Day:_____

## TOP PRIORITY TASKS

- _____
- _____
- _____
- _____
- _____
- _____
- _____
- _____
- _____
- _____

*"FAILURE IS THE CONDIMENT THAT GIVES SUCCESS ITS FLAVOR."*

*- TRUMAN CAPOTE -*

## TODAY, I AM GRATEFUL FOR...

_____
_____
_____
_____

## NOTES

_____
_____
_____
_____
_____
_____
_____
_____

How productive were you today?   | 1 | 2 | 3 | 4 | 5 |

## TASKS OF THE DAY

- _____
- _____
- _____
- _____
- _____
- _____
- _____
- _____
- _____

Date:_____ Day:_____

## TOP PRIORITY TASKS

- _____
- _____
- _____
- _____
- _____
- _____
- _____
- _____
- _____
- _____

"YOU MISS 100% OF THE SHOTS YOU DON'T TAKE."

*- JWAYNE GRETZKY -*

## TODAY, I AM GRATEFUL FOR..

_____

_____

_____

_____

## NOTES

_____

_____

_____

_____

_____

_____

_____

_____

How productive were you today? | 1 | 2 | 3 | 4 | 5 |

## TASKS OF THE DAY

- _____
- _____
- _____
- _____
- _____
- _____
- _____
- _____
- _____
- _____

Date:_____

Day:_____

## TOP PRIORITY TASKS

- _____
- _____
- _____
- _____
- _____
- _____
- _____
- _____
- _____
- _____

"DON'T GAIN THE WORLD AND
LOSE YOUR SOUL; WISDOM IS
BETTER THAN SILVER OR
GOLD."

*- BOB MARLEY -*

## TODAY, I AM GRATEFUL FOR...

_____

_____

_____

_____

_____

## NOTES

_____

_____

_____

_____

_____

_____

_____

_____

_____

How productive were you today?   | 1 | 2 | 3 | 4 | 5 |

## TASKS OF THE DAY

- _____
- _____
- _____
- _____
- _____
- _____
- _____
- _____
- _____
- _____

Date:_____                    Day:_____

## TOP PRIORITY TASKS

- _____
- _____
- _____
- _____
- _____
- _____
- _____
- _____
- _____
- _____

"EDUCATION IS THE KINDLING
OF A FLAME, NOT THE FILLING OF
A VESSEL."

*- SOCRATES -*

## TODAY, I AM GRATEFUL FOR...

_____
_____
_____
_____

## NOTES

_____
_____
_____
_____
_____
_____
_____
_____

How productive were you today?   | 1 | 2 | 3 | 4 | 5 |

## TASKS OF THE DAY

- _____
- _____
- _____
- _____
- _____
- _____
- _____
- _____
- _____
- _____

Date:_____                    Day:_____

## TOP PRIORITY TASKS

- _____
- _____
- _____
- _____
- _____
- _____
- _____
- _____
- _____
- _____

## NOTES

_____
_____
_____
_____
_____
_____
_____
_____
_____

How productive were you today?      | 1 | 2 | 3 | 4 | 5 |

"COURAGE IS NOT THE ABSENCE OF
FEAR, BUT THE TRIUMPH OVER IT."

*- NELSON MANDELA -*

## TODAY, I AM GRATEFUL FOR...

_____
_____
_____
_____

## TASKS OF THE DAY

- _____
- _____
- _____
- _____
- _____
- _____
- _____
- _____
- _____

Date:_____ Day:_____

## TOP PRIORITY TASKS

- _____
- _____
- _____
- _____
- _____
- _____
- _____
- _____
- _____
- _____

"IF YOU TELL THE TRUTH, YOU
DON'T HAVE TO REMEMBER
ANYTHING."

*- MARK TWAIN -*

## TODAY, I AM GRATEFUL FOR...

_____
_____
_____
_____

## NOTES

_____
_____
_____
_____
_____
_____
_____
_____
_____

How productive were you today?   | 1 | 2 | 3 | 4 | 5 |

## TASKS OF THE DAY

- _____
- _____
- _____
- _____
- _____
- _____
- _____
- _____
- _____
- _____

Date:_____

Day:_____

## TOP PRIORITY TASKS

- _____
- _____
- _____
- _____
- _____
- _____
- _____
- _____
- _____
- _____

*"I CAN'T CHANGE THE DIRECTION OF THE WIND, BUT I CAN ADJUST MY SAILS TO ALWAYS REACH MY DESTINATION."*

*~ JIMMY DEAN ~*

## TODAY, I AM GRATEFUL FOR...

_____

_____

_____

_____

## NOTES

_____

_____

_____

_____

_____

_____

_____

_____

How productive were you today?  | 1 | 2 | 3 | 4 | 5 |

## TASKS OF THE DAY

- _____
- _____
- _____
- _____
- _____
- _____
- _____
- _____
- _____

Date: _____          Day: _____

## TOP PRIORITY TASKS

- _____
- _____
- _____
- _____
- _____
- _____
- _____
- _____
- _____
- _____

"BE THE KIND OF PERSON YOUR
DOG THINKS YOU ARE."

*~ C.J. FRICK ~*

## TODAY, I AM GRATEFUL FOR...

_____

_____

_____

_____

## NOTES

_____
_____
_____
_____
_____
_____
_____
_____

How productive were you today?   | 1 | 2 | 3 | 4 | 5 |

## TASKS OF THE DAY

- _____
- _____
- _____
- _____
- _____
- _____
- _____
- _____
- _____
- _____

Date:_____        Day:_____

## TOP PRIORITY TASKS

- _____
- _____
- _____
- _____
- _____
- _____
- _____
- _____
- _____
- _____

"FREEDOM IS NOTHING BUT A
CHANCE TO BE BETTER."

*- ALBERT CAMUS -*

## TODAY, I AM GRATEFUL FOR...

_____
_____
_____
_____

## NOTES

_____
_____
_____
_____
_____
_____
_____
_____

How productive were you today?   | 1 | 2 | 3 | 4 | 5 |

## TASKS OF THE DAY

- _____
- _____
- _____
- _____
- _____
- _____
- _____
- _____
- _____

Date:_____          Day:_____

## TOP PRIORITY TASKS

- _____
- _____
- _____
- _____
- _____
- _____
- _____
- _____
- _____
- _____

"WE BECOME WHAT WE BEHOLD.
WE SHAPE OUR TOOLS AND THEN
OUR TOOLS SHAPE US."

*- MARSHALL MCLUHAN -*

## TODAY, I AM GRATEFUL FOR...

_____

_____

_____

_____

## NOTES

_____
_____
_____
_____
_____
_____
_____
_____
_____

How productive were you today?   | 1 | 2 | 3 | 4 | 5 |

## TASKS OF THE DAY

- _____
- _____
- _____
- _____
- _____
- _____
- _____
- _____
- _____
- _____

# October

Date:_____          Day:_____

## TOP PRIORITY TASKS

- _____
- _____
- _____
- _____
- _____
- _____
- _____
- _____
- _____
- _____

## TODAY, I AM GRATEFUL FOR...

_____
_____
_____
_____
_____

## NOTES

_____
_____
_____
_____
_____
_____
_____
_____

How productive were you today?   | 1 | 2 | 3 | 4 | 5 |

## TASKS OF THE DAY

- _____
- _____
- _____
- _____
- _____
- _____
- _____
- _____
- _____
- _____

Date:_____     Day:_____

## TOP PRIORITY TASKS

- _____
- _____
- _____
- _____
- _____
- _____
- _____
- _____
- _____
- _____

"LOVE ALL, TRUST A FEW, DO
WRONG TO NONE."

*~ WILLIAM SHAKESPEARE ~*

## TODAY. I AM GRATEFUL FOR...

_____
_____
_____
_____

## NOTES

_____
_____
_____
_____
_____
_____
_____
_____

How productive were you today?  | 1 | 2 | 3 | 4 | 5 |

## TASKS OF THE DAY

- _____
- _____
- _____
- _____
- _____
- _____
- _____
- _____
- _____

Date: _____     Day: _____

## TOP PRIORITY TASKS

- _____
- _____
- _____
- _____
- _____
- _____
- _____
- _____
- _____
- _____

"DO WHAT YOU CAN, WITH WHAT
YOU HAVE, WHERE YOU ARE."

*- THEODORE ROOSEVELT -*

## TODAY, I AM GRATEFUL FOR..

_____

_____

_____

_____

## NOTES

_____

_____

_____

_____

_____

_____

_____

_____

How productive were you today?  | 1 | 2 | 3 | 4 | 5 |

## TASKS OF THE DAY

- _____
- _____
- _____
- _____
- _____
- _____
- _____
- _____
- _____

Date:_____          Day:_____

## TOP PRIORITY TASKS

- _____
- _____
- _____
- _____
- _____
- _____
- _____
- _____
- _____
- _____

"TIME IS A CREATED THING. TO SAY 'I DON'T HAVE TIME' IS TO SAY 'I DON'T WANT TO."

*- LAO TZU -*

## TODAY, I AM GRATEFUL FOR...

_____
_____
_____
_____

## NOTES

_____
_____
_____
_____
_____
_____
_____
_____

How productive were you today?  | 1 | 2 | 3 | 4 | 5 |

## TASKS OF THE DAY

- _____
- _____
- _____
- _____
- _____
- _____
- _____
- _____
- _____

Date:_____                              Day:_____

## TOP PRIORITY TASKS

- _____
- _____
- _____
- _____
- _____
- _____
- _____
- _____
- _____
- _____

"A PERSON WHO NEVER MADE A
MISTAKE NEVER TRIED ANYTHING
NEW."

*~ ALBERT EINSTEIN ~*

## TODAY, I AM GRATEFUL FOR...

_____
_____
_____
_____

## NOTES

_____
_____
_____
_____
_____
_____
_____
_____

How productive were you today?   | 1 | 2 | 3 | 4 | 5 |

## TASKS OF THE DAY

- _____
- _____
- _____
- _____
- _____
- _____
- _____
- _____
- _____
- _____

Date:_____     Day:_____

## TOP PRIORITY TASKS

- _____
- _____
- _____
- _____
- _____
- _____
- _____
- _____
- _____
- _____

"LIVE OUT OF YOUR IMAGINATION,
NOT YOUR HISTORY."

*- STEPHEN R. COVEY -*

## TODAY, I AM GRATEFUL FOR...

_____

_____

_____

_____

## NOTES

_____

_____

_____

_____

_____

_____

_____

_____

How productive were you today?   | 1 | 2 | 3 | 4 | 5 |

## TASKS OF THE DAY

- _____
- _____
- _____
- _____
- _____
- _____
- _____
- _____
- _____

Date:_____          Day:_____

## TOP PRIORITY TASKS

- _____
- _____
- _____
- _____
- _____
- _____
- _____
- _____
- _____
- _____

"IT IS NOT LENGTH OF LIFE, BUT DEPTH OF LIFE."

*- RALPH WALDO EMERSON -*

## TODAY, I AM GRATEFUL FOR...

_____
_____
_____
_____

## NOTES

_____
_____
_____
_____
_____
_____
_____
_____
_____

How productive were you today?  | 1 | 2 | 3 | 4 | 5 |

## TASKS OF THE DAY

- _____
- _____
- _____
- _____
- _____
- _____
- _____
- _____
- _____
- _____

Date:_____               Day:_____

## TOP PRIORITY TASKS

- _____
- _____
- _____
- _____
- _____
- _____
- _____
- _____
- _____
- _____

## TODAY, I AM GRATEFUL FOR...

_____
_____
_____
_____

## NOTES

_____
_____
_____
_____
_____
_____
_____
_____

How productive were you today? | 1 | 2 | 3 | 4 | 5 |

## TASKS OF THE DAY

- _____
- _____
- _____
- _____
- _____
- _____
- _____
- _____
- _____
- _____

Date:_____          Day:_____

## TOP PRIORITY TASKS

- _____
- _____
- _____
- _____
- _____
- _____
- _____
- _____
- _____
- _____

"BE NOT AFRAID OF GROWING
SLOWLY, BE AFRAID ONLY OF
STANDING STILL."

*~ CHINESE PROVERB ~*

## TODAY, I AM GRATEFUL FOR..

_____
_____
_____
_____
_____

## NOTES

_____
_____
_____
_____
_____
_____
_____
_____

How productive were you today?   | 1 | 2 | 3 | 4 | 5 |

## TASKS OF THE DAY

- _____
- _____
- _____
- _____
- _____
- _____
- _____
- _____
- _____
- _____

Date:_____ Day:_____

## TOP PRIORITY TASKS

- _____
- _____
- _____
- _____
- _____
- _____
- _____
- _____
- _____
- _____

*"YOU MAY ENCOUNTER MANY DEFEATS, BUT YOU MUST NOT BE DEFEATED."*

*~ MAYA ANGELOU ~*

## TODAY, I AM GRATEFUL FOR...

_____
_____
_____
_____

## NOTES

_____
_____
_____
_____
_____
_____
_____
_____

How productive were you today? | 1 | 2 | 3 | 4 | 5 |

## TASKS OF THE DAY

- _____
- _____
- _____
- _____
- _____
- _____
- _____
- _____
- _____

Date:_____     Day:_____

## TOP PRIORITY TASKS

- _____
- _____
- _____
- _____
- _____
- _____
- _____
- _____
- _____
- _____

"THE GOOD LIFE IS ONE INSPIRED BY LOVE AND GUIDED BY KNOWLEDGE."

*~ BERTRAND RUSSELL ~*

## TODAY, I AM GRATEFUL FOR...

_____
_____
_____
_____

## NOTES

_____
_____
_____
_____
_____
_____
_____
_____

How productive were you today?   | 1 | 2 | 3 | 4 | 5 |

## TASKS OF THE DAY

- _____
- _____
- _____
- _____
- _____
- _____
- _____
- _____
- _____
- _____

Date:_____        Day:_____

## TOP PRIORITY TASKS

- _____
- _____
- _____
- _____
- _____
- _____
- _____
- _____
- _____
- _____

"A SHIP IN HARBOR IS SAFE, BUT THAT
IS NOT WHAT SHIPS ARE BUILT FOR."

*~ JOHN A. SHEDD ~*

## TODAY, I AM GRATEFUL FOR...

_____
_____
_____
_____

## NOTES

_____
_____
_____
_____
_____
_____
_____
_____

How productive were you today?   1   2   3   4   5

## TASKS OF THE DAY

- _____
- _____
- _____
- _____
- _____
- _____
- _____
- _____
- _____
- _____

Date:_____ Day:_____

## TOP PRIORITY TASKS

- _____
- _____
- _____
- _____
- _____
- _____
- _____
- _____
- _____
- _____

"WISDOM IS NOT A PRODUCT OF SCHOOLING BUT OF THE LIFELONG ATTEMPT TO ACQUIRE IT."

*~ ALBERT EINSTEIN ~*

## TODAY, I AM GRATEFUL FOR...

_____
_____
_____
_____

## NOTES

_____
_____
_____
_____
_____
_____
_____
_____
_____

How productive were you today? | 1 | 2 | 3 | 4 | 5 |

## TASKS OF THE DAY

- _____
- _____
- _____
- _____
- _____
- _____
- _____
- _____
- _____
- _____

Date:_____          Day:_____

## TOP PRIORITY TASKS

- _____
- _____
- _____
- _____
- _____
- _____
- _____
- _____
- _____
- _____

"RE-EXAMINE ALL YOU HAVE BEEN
TOLD. DISMISS WHAT INSULTS
YOUR SOUL."

*- WALT WHITMAN -*

## TODAY, I AM GRATEFUL FOR...

_____
_____
_____
_____

## NOTES

_____
_____
_____
_____
_____
_____
_____
_____

How productive were you today?   | 1 | 2 | 3 | 4 | 5 |

## TASKS OF THE DAY

- _____
- _____
- _____
- _____
- _____
- _____
- _____
- _____
- _____
- _____

Date:_____ Day:_____

## TOP PRIORITY TASKS

- _____
- _____
- _____
- _____
- _____
- _____
- _____
- _____
- _____
- _____

"NO ONE IS FREE WHO HAS NOT OBTAINED THE EMPIRE OF HIMSELF."

*- PYTHAGORAS -*

## TODAY, I AM GRATEFUL FOR...

_____
_____
_____
_____

## NOTES

_____
_____
_____
_____
_____
_____
_____
_____

How productive were you today? | 1 | 2 | 3 | 4 | 5 |

## TASKS OF THE DAY

- _____
- _____
- _____
- _____
- _____
- _____
- _____
- _____
- _____
- _____

Date:_____          Day:_____

## TOP PRIORITY TASKS

- _____
- _____
- _____
- _____
- _____
- _____
- _____
- _____
- _____
- _____

"HE WHO IS NOT COURAGEOUS
ENOUGH TO TAKE RISKS WILL
ACCOMPLISH NOTHING IN LIFE."

*~ MUHAMMAD ALI ~*

## TODAY, I AM GRATEFUL FOR...

_____

_____

_____

_____

## NOTES

_____

_____

_____

_____

_____

_____

_____

_____

How productive were you today?    | 1 | 2 | 3 | 4 | 5 |

## TASKS OF THE DAY

- _____
- _____
- _____
- _____
- _____
- _____
- _____
- _____
- _____
- _____

Date:_____       Day:_____

## TOP PRIORITY TASKS

- _____
- _____
- _____
- _____
- _____
- _____
- _____
- _____
- _____
- _____

"THOSE WHO CANNOT REMEMBER
THE PAST ARE CONDEMNED TO
REPEAT IT."

*~ GEORGE SANTAYANA ~*

## TODAY, I AM GRATEFUL FOR...

_____
_____
_____
_____

## NOTES

_____
_____
_____
_____
_____
_____
_____
_____
_____

How productive were you today? | 1 | 2 | 3 | 4 | 5 |

## TASKS OF THE DAY

- _____
- _____
- _____
- _____
- _____
- _____
- _____
- _____
- _____
- _____

Date:_____     Day:_____

## TOP PRIORITY TASKS

- _____
- _____
- _____
- _____
- _____
- _____
- _____
- _____
- _____
- _____

"THERE IS NOTHING EITHER GOOD OR BAD BUT THINKING MAKES ITSO."

*- WILLIAM SHAKESPEARE -*

## TODAY. I AM GRATEFUL FOR...

_____
_____
_____
_____

## NOTES

_____
_____
_____
_____
_____
_____
_____
_____

How productive were you today?  | 1 | 2 | 3 | 4 | 5 |

## TASKS OF THE DAY

- _____
- _____
- _____
- _____
- _____
- _____
- _____
- _____
- _____
- _____

Date:_____ Day:_____

## TOP PRIORITY TASKS

- _____
- _____
- _____
- _____
- _____
- _____
- _____
- _____
- _____
- _____

"FAITH IS TAKING THE FIRST STEP
EVEN WHEN YOU DON'T SEE THE
WHOLE STAIRCASE."

*- MARTIN LUTHER KING JR -*

## TODAY, I AM GRATEFUL FOR...

_____
_____
_____
_____
_____

## NOTES

_____
_____
_____
_____
_____
_____
_____
_____

How productive were you today? | 1 | 2 | 3 | 4 | 5 |

## TASKS OF THE DAY

- _____
- _____
- _____
- _____
- _____
- _____
- _____
- _____
- _____
- _____

Date:_____          Day:_____

## TOP PRIORITY TASKS

- _____
- _____
- _____
- _____
- _____
- _____
- _____
- _____
- _____
- _____

"WE ARE MADE WISE NOT BY THE RECOLLECTION OF OUR PAST, BUT BY THE RESPONSIBILITY FOR OUR FUTURE."

*~ GEORGE BERNARD SHAW ~*

## TODAY, I AM GRATEFUL FOR...

_____
_____
_____
_____

## NOTES

_____
_____
_____
_____
_____
_____
_____
_____

How productive were you today?   | 1 | 2 | 3 | 4 | 5 |

## TASKS OF THE DAY

- _____
- _____
- _____
- _____
- _____
- _____
- _____
- _____
- _____
- _____

Date:_____ Day:_____

## TOP PRIORITY TASKS

- _____
- _____
- _____
- _____
- _____
- _____
- _____
- _____
- _____
- _____

"EVERYTHING YOU'VE EVER WANTED
IS ON THE OTHER SIDE OF FEAR."

*- GEORGE ADDAIR -*

## TODAY, I AM GRATEFUL FOR...

_____
_____
_____
_____

## NOTES

_____
_____
_____
_____
_____
_____
_____
_____
_____

How productive were you today? | 1 | 2 | 3 | 4 | 5 |

## TASKS OF THE DAY

- _____
- _____
- _____
- _____
- _____
- _____
- _____
- _____
- _____
- _____

Date:_____                                    Day:_____

## TOP PRIORITY TASKS

- _____
- _____
- _____
- _____
- _____
- _____
- _____
- _____
- _____
- _____

"HE WHO HAS OVERCOME HIS
FEARS WILL TRULY BE FREE."

*~ ARISTOTLE ~*

## TODAY, I AM GRATEFUL FOR...

_____
_____
_____
_____

## NOTES

_____
_____
_____
_____
_____
_____
_____
_____

How productive were you today?   | 1 | 2 | 3 | 4 | 5 |

## TASKS OF THE DAY

- _____
- _____
- _____
- _____
- _____
- _____
- _____
- _____
- _____

Date:_____          Day:_____

## TOP PRIORITY TASKS

- _____
- _____
- _____
- _____
- _____
- _____
- _____
- _____
- _____
- _____

"WE ARE NOT RICH BY WHAT WE
POSSESS BUT BY WHAT WE CAN
DO WITHOUT."

*~ IMMANUEL KANT ~*

## TODAY, I AM GRATEFUL FOR...

_____
_____
_____
_____

## NOTES

_____
_____
_____
_____
_____
_____
_____
_____
_____

How productive were you today?  | 1 | 2 | 3 | 4 | 5 |

## TASKS OF THE DAY

- _____
- _____
- _____
- _____
- _____
- _____
- _____
- _____
- _____
- _____

Date:_____          Day:_____

## TOP PRIORITY TASKS

- _____
- _____
- _____
- _____
- _____
- _____
- _____
- _____
- _____
- _____

"TO DENY PEOPLE THEIR HUMAN
RIGHTS IS TO CHALLENGE THEIR
VERY HUMANITY."

*~ NELSON MANDELA ~*

## TODAY, I AM GRATEFUL FOR...

_____
_____
_____
_____

## NOTES

_____
_____
_____
_____
_____
_____
_____
_____

How productive were you today?  | 1 | 2 | 3 | 4 | 5 |

## TASKS OF THE DAY

- _____
- _____
- _____
- _____
- _____
- _____
- _____
- _____
- _____
- _____

Date:_____          Day:_____

## TOP PRIORITY TASKS

- _____
- _____
- _____
- _____
- _____
- _____
- _____
- _____
- _____
- _____

"THE AIM OF ART IS TO REPRESENT
NOT THE OUTWARD APPEARANCE
OF THINGS, BUT THEIR INWARD
SIGNIFICANCE."

*- ARISTOTLE -*

## TODAY, I AM GRATEFUL FOR...

_____
_____
_____
_____

## NOTES

_____
_____
_____
_____
_____
_____
_____
_____

How productive were you today?   | 1 | 2 | 3 | 4 | 5 |

## TASKS OF THE DAY

- _____
- _____
- _____
- _____
- _____
- _____
- _____
- _____
- _____

Date:_____

Day:_____

## TOP PRIORITY TASKS

- _____
- _____
- _____
- _____
- _____
- _____
- _____
- _____
- _____
- _____

"YOU DON'T MAKE PROGRESS BY STANDING ON THE SIDELINES."

*~ SHIRLEY CHISHOLM ~*

## TODAY, I AM GRATEFUL FOR...

_____

_____

_____

_____

## NOTES

_____

_____

_____

_____

_____

_____

_____

_____

How productive were you today? | 1 | 2 | 3 | 4 | 5 |

## TASKS OF THE DAY

- _____
- _____
- _____
- _____
- _____
- _____
- _____
- _____
- _____
- _____

Date:_____     Day:_____

## TOP PRIORITY TASKS

- _____
- _____
- _____
- _____
- _____
- _____
- _____
- _____
- _____
- _____

## "THE REWARD FOR CONFORMITY IS THAT EVERYONE LIKES YOU BUT YOURSELF."

*- RITA MAE BROWN -*

## TODAY, I AM GRATEFUL FOR..

_____
_____
_____
_____

## NOTES

_____
_____
_____
_____
_____
_____
_____
_____

How productive were you today?  | 1 | 2 | 3 | 4 | 5 |

## TASKS OF THE DAY

- _____
- _____
- _____
- _____
- _____
- _____
- _____
- _____
- _____
- _____

Date:_____          Day:_____

## TOP PRIORITY TASKS

- _____
- _____
- _____
- _____
- _____
- _____
- _____
- _____
- _____
- _____

### "IF OPPORTUNITY DOESN'T KNOCK, BUILD A DOOR."

*- MILTON BERLE -*

## TODAY, I AM GRATEFUL FOR...

_____
_____
_____
_____

## NOTES

_____
_____
_____
_____
_____
_____
_____
_____

How productive were you today?   | 1 | 2 | 3 | 4 | 5 |

## TASKS OF THE DAY

- _____
- _____
- _____
- _____
- _____
- _____
- _____
- _____
- _____

Date:_____          Day:_____

## TOP PRIORITY TASKS

- _____
- _____
- _____
- _____
- _____
- _____
- _____
- _____
- _____
- _____

## TODAY, I AM GRATEFUL FOR...

_____
_____
_____
_____
_____

## NOTES

_____
_____
_____
_____
_____
_____
_____
_____

How productive were you today?  | 1 | 2 | 3 | 4 | 5 |

## TASKS OF THE DAY

- _____
- _____
- _____
- _____
- _____
- _____
- _____
- _____
- _____
- _____

Date:_____

Day:_____

## TOP PRIORITY TASKS

- _____
- _____
- _____
- _____
- _____
- _____
- _____
- _____
- _____
- _____

*"THERE ARE YEARS THAT ASK QUESTIONS AND YEARS THAT ANSWER."*

*~ ZORA NEALE HURSTON ~*

## TODAY, I AM GRATEFUL FOR...

_____

_____

_____

_____

## NOTES

_____

_____

_____

_____

_____

_____

_____

_____

_____

How productive were you today? | 1 | 2 | 3 | 4 | 5 |

## TASKS OF THE DAY

- _____
- _____
- _____
- _____
- _____
- _____
- _____
- _____
- _____
- _____

Date:_____          Day:_____

## TOP PRIORITY TASKS

- _____
- _____
- _____
- _____
- _____
- _____
- _____
- _____
- _____
- _____

"DO NOT BE DAUNTED BY THE
ENORMITY OF THE WORLD'S GRIEF.
DO JUSTLY, NOW."

*~ TALMUDIC TEACHING ~*

## TODAY, I AM GRATEFUL FOR...

_____
_____
_____
_____

## NOTES

_____
_____
_____
_____
_____
_____
_____
_____
_____

How productive were you today?  | 1 | 2 | 3 | 4 | 5 |

## TASKS OF THE DAY

- _____
- _____
- _____
- _____
- _____
- _____
- _____
- _____
- _____

# November

Date:_____ Day:_____

## TOP PRIORITY TASKS

- _____
- _____
- _____
- _____
- _____
- _____
- _____
- _____
- _____
- _____

"WHAT LIES BEHIND US AND WHAT LIES BEFORE US ARE TINY MATTERS COMPARED TO WHAT LIES WITHIN US."

*- RALPH WALDO EMERSON -*

## TODAY, I AM GRATEFUL FOR...

_____
_____
_____
_____

## NOTES

_____
_____
_____
_____
_____
_____
_____
_____
_____

How productive were you today? | 1 | 2 | 3 | 4 | 5 |

## TASKS OF THE DAY

- _____
- _____
- _____
- _____
- _____
- _____
- _____
- _____
- _____
- _____

Date:_____          Day:_____

## TOP PRIORITY TASKS

- _____
- _____
- _____
- _____
- _____
- _____
- _____
- _____
- _____
- _____

"DON'T WAIT. THE TIME WILL NEVER BE JUST RIGHT."

*- NAPOLEON HILL -*

## TODAY, I AM GRATEFUL FOR...

_____
_____
_____
_____

## NOTES

_____
_____
_____
_____
_____
_____
_____
_____
_____

How productive were you today?  | 1 | 2 | 3 | 4 | 5 |

## TASKS OF THE DAY

- _____
- _____
- _____
- _____
- _____
- _____
- _____
- _____
- _____

Date:_____          Day:_____

## TOP PRIORITY TASKS

- _____
- _____
- _____
- _____
- _____
- _____
- _____
- _____
- _____
- _____

"YOU CAN'T GO BACK AND CHANGE
THE BEGINNING, BUT YOU CAN
START WHERE YOU ARE AND
CHANGE THE ENDING."

*~ C.S. LEWIS ~*

## TODAY, I AM GRATEFUL FOR...

_____

_____

_____

_____

## NOTES

_____
_____
_____
_____
_____
_____
_____
_____
_____

How productive were you today?   | 1 | 2 | 3 | 4 | 5 |

## TASKS OF THE DAY

- _____
- _____
- _____
- _____
- _____
- _____
- _____
- _____
- _____
- _____

Date:_____ Day:_____

## TOP PRIORITY TASKS

- _____
- _____
- _____
- _____
- _____
- _____
- _____
- _____
- _____
- _____

*"COURAGE IS GRACE UNDER PRESSURE."*

*~ ERNEST HEMINGWAY ~*

## TODAY, I AM GRATEFUL FOR...

_____
_____
_____
_____
_____

## NOTES

_____
_____
_____
_____
_____
_____
_____
_____

How productive were you today? | 1 | 2 | 3 | 4 | 5 |

## TASKS OF THE DAY

- _____
- _____
- _____
- _____
- _____
- _____
- _____
- _____
- _____
- _____

Date:_____          Day:_____

## TOP PRIORITY TASKS

- _____
- _____
- _____
- _____
- _____
- _____
- _____
- _____
- _____
- _____

### "THE SECRET OF GETTING AHEAD IS GETTING STARTED."

*~ MARK TWAIN ~*

## TODAY, I AM GRATEFUL FOR...

_____
_____
_____
_____
_____

## NOTES

_____
_____
_____
_____
_____
_____
_____
_____
_____

How productive were you today?   | 1 | 2 | 3 | 4 | 5 |

## TASKS OF THE DAY

- _____
- _____
- _____
- _____
- _____
- _____
- _____
- _____
- _____
- _____

Date:_____          Day:_____

## TOP PRIORITY TASKS

- _____
- _____
- _____
- _____
- _____
- _____
- _____
- _____
- _____
- _____

"THE SECRET OF GETTING
AHEAD IS GETTING STARTED."

*~ MARK TWAIN ~*

## TODAY, I AM GRATEFUL FOR...

_____
_____
_____
_____

## NOTES

_____
_____
_____
_____
_____
_____
_____
_____
_____

How productive were you today?   | 1 | 2 | 3 | 4 | 5 |

## TASKS OF THE DAY

- _____
- _____
- _____
- _____
- _____
- _____
- _____
- _____
- _____
- _____

Date:_____                              Day:_____

## TOP PRIORITY TASKS

- _____
- _____
- _____
- _____
- _____
- _____
- _____
- _____
- _____
- _____

"DO NOT GO WHERE THE PATH MAY LEAD, GO INSTEAD WHERE THERE IS NO PATH AND LEAVE A TRAIL."

*- RALPH WALDO EMERSON -*

### TODAY, I AM GRATEFUL FOR..

_____
_____
_____
_____

## NOTES

_____
_____
_____
_____
_____
_____
_____
_____
_____

How productive were you today?   | 1 | 2 | 3 | 4 | 5 |

## TASKS OF THE DAY

- _____
- _____
- _____
- _____
- _____
- _____
- _____
- _____
- _____
- _____

Date:_____                              Day:_____

## TOP PRIORITY TASKS

- _____
- _____
- _____
- _____
- _____
- _____
- _____
- _____
- _____
- _____

"INJUSTICE ANYWHERE IS A
THREAT TO JUSTICE
EVERYWHERE."

*~ MARTIN LUTHER KING JR ~*

### TODAY, I AM GRATEFUL FOR...

_____
_____
_____
_____

## NOTES

_____
_____
_____
_____
_____
_____
_____
_____
_____

How productive were you today?   | 1 | 2 | 3 | 4 | 5 |

## TASKS OF THE DAY

- _____
- _____
- _____
- _____
- _____
- _____
- _____
- _____
- _____

Date:_____          Day:_____

## TOP PRIORITY TASKS

- _____
- _____
- _____
- _____
- _____
- _____
- _____
- _____
- _____
- _____

"IT IS NEVER TOO LATE TO BE WHAT YOU MIGHT HAVE BEEN."

*~ GEORGE ELIOT ~*

### TODAY, I AM GRATEFUL FOR...

_____
_____
_____
_____

## NOTES

_____
_____
_____
_____
_____
_____
_____
_____

How productive were you today?   | 1 | 2 | 3 | 4 | 5 |

## TASKS OF THE DAY

- _____
- _____
- _____
- _____
- _____
- _____
- _____
- _____
- _____
- _____

Date:_____          Day:_____

## TOP PRIORITY TASKS

- _____
- _____
- _____
- _____
- _____
- _____
- _____
- _____
- _____
- _____

"KNOWING YOURSELF IS THE BEGINNING OF ALL WISDOM."

*~ ARISTOTLE ~*

## TODAY, I AM GRATEFUL FOR...

_____
_____
_____
_____
_____

## NOTES

_____
_____
_____
_____
_____
_____
_____
_____

How productive were you today?   | 1 | 2 | 3 | 4 | 5 |

## TASKS OF THE DAY

- _____
- _____
- _____
- _____
- _____
- _____
- _____
- _____
- _____
- _____

Date:_____ Day:_____

## TOP PRIORITY TASKS

- _____
- _____
- _____
- _____
- _____
- _____
- _____
- _____
- _____
- _____

### YOUR TIME IS LIMITED, SO DON'T WASTE IT LIVING SOMEONE ELSE'S LIFE."

*~ STEVE JOBS ~*

## TODAY, I AM GRATEFUL FOR...

_____
_____
_____
_____

## NOTES

_____
_____
_____
_____
_____
_____
_____
_____
_____

How productive were you today? | 1 | 2 | 3 | 4 | 5 |

## TASKS OF THE DAY

- _____
- _____
- _____
- _____
- _____
- _____
- _____
- _____
- _____
- _____

Date:_____ Day:_____

## TOP PRIORITY TASKS

- _____
- _____
- _____
- _____
- _____
- _____
- _____
- _____
- _____
- _____

"WHAT YOU DO MAKES A
DIFFERENCE, AND YOU HAVE TO
DECIDE WHAT KIND OF DIFFERENCE
YOU WANT TO MAKE."

*- JANE GOODALL -*

## TODAY, I AM GRATEFUL FOR...

_____
_____
_____
_____

## NOTES

_____
_____
_____
_____
_____
_____
_____
_____

How productive were you today? | 1 | 2 | 3 | 4 | 5 |

## TASKS OF THE DAY

- _____
- _____
- _____
- _____
- _____
- _____
- _____
- _____
- _____
- _____

Date:_____    Day:_____

## TOP PRIORITY TASKS

- _____
- _____
- _____
- _____
- _____
- _____
- _____
- _____
- _____
- _____

"YOU CANNOT SWIM FOR NEW
HORIZONS UNTIL YOU HAVE
COURAGE TO LOSE SIGHT OF
THE SHORE."

*~ WILLIAM FAULKNER ~*

## TODAY, I AM GRATEFUL FOR...

_____
_____
_____
_____

## NOTES

_____
_____
_____
_____
_____
_____
_____
_____
_____

How productive were you today?   | 1 | 2 | 3 | 4 | 5 |

## TASKS OF THE DAY

- _____
- _____
- _____
- _____
- _____
- _____
- _____
- _____
- _____
- _____

Date:_____ Day:_____

## TOP PRIORITY TASKS

- _____
- _____
- _____
- _____
- _____
- _____
- _____
- _____
- _____
- _____

"A MIND IS LIKE A PARACHUTE. IT
DOESN'T WORK IF IT ISN'T
OPEN."

~ FRANK ZAPPA ~

### TODAY, I AM GRATEFUL FOR...

_____
_____
_____
_____

## NOTES

_____
_____
_____
_____
_____
_____
_____
_____

How productive were you today?  | 1 | 2 | 3 | 4 | 5 |

## TASKS OF THE DAY

- _____
- _____
- _____
- _____
- _____
- _____
- _____
- _____
- _____
- _____

Date:_____          Day:_____

## TOP PRIORITY TASKS

- _____
- _____
- _____
- _____
- _____
- _____
- _____
- _____
- _____
- _____

"POWER TENDS TO CORRUPT, AND
ABSOLUTE POWER CORRUPTS
ABSOLUTELY."

*~ LORD ACTON ~*

## TODAY, I AM GRATEFUL FOR...

_____
_____
_____
_____

## NOTES

_____
_____
_____
_____
_____
_____
_____
_____
_____

How productive were you today?   | 1 | 2 | 3 | 4 | 5 |

## TASKS OF THE DAY

- _____
- _____
- _____
- _____
- _____
- _____
- _____
- _____
- _____
- _____

Date:_____          Day:_____

## TOP PRIORITY TASKS

- _____
- _____
- _____
- _____
- _____
- _____
- _____
- _____
- _____
- _____

"LIFE IS REALLY SIMPLE, BUT WE INSIST ON MAKING IT COMPLICATED."

*- CONFUCIUS -*

## TODAY, I AM GRATEFUL FOR...

_____
_____
_____
_____

## NOTES

_____
_____
_____
_____
_____
_____
_____
_____
_____

How productive were you today?   | 1 | 2 | 3 | 4 | 5 |

## TASKS OF THE DAY

- _____
- _____
- _____
- _____
- _____
- _____
- _____
- _____
- _____
- _____

Date:_____       Day:_____

## TOP PRIORITY TASKS

- _____
- _____
- _____
- _____
- _____
- _____
- _____
- _____
- _____
- _____

*"IF YOU WANT TO GO FAST, GO ALONE. IF YOU WANT TO GO FAR, GO TOGETHER."*

*- AFRICAN PROVERB -*

## TODAY, I AM GRATEFUL FOR...

_____
_____
_____
_____

## NOTES

_____
_____
_____
_____
_____
_____
_____
_____
_____

How productive were you today? | 1 | 2 | 3 | 4 | 5 |

## TASKS OF THE DAY

- _____
- _____
- _____
- _____
- _____
- _____
- _____
- _____
- _____
- _____

Date:_____                              Day:_____

## TOP PRIORITY TASKS

- _____
- _____
- _____
- _____
- _____
- _____
- _____
- _____
- _____
- _____

"BE YOURSELF; EVERYONE ELSE IS
ALREADY TAKEN."

*~ OSCAR WILDE ~*

## TODAY, I AM GRATEFUL FOR...

_____
_____
_____
_____

## NOTES

_____
_____
_____
_____
_____
_____
_____
_____

How productive were you today?   | 1 | 2 | 3 | 4 | 5 |

## TASKS OF THE DAY

- _____
- _____
- _____
- _____
- _____
- _____
- _____
- _____
- _____
- _____

Date:_____ Day:_____

## TOP PRIORITY TASKS

- _____
- _____
- _____
- _____
- _____
- _____
- _____
- _____
- _____
- _____

"IF YOU THINK YOU'RE TOO SMALL
TO MAKE A DIFFERENCE, TRY SLEEPING
WITH A MOSQUITO."

*- DALAI LAMA -*

## TODAY, I AM GRATEFUL FOR..

_____
_____
_____
_____

## NOTES

_____
_____
_____
_____
_____
_____
_____
_____

How productive were you today? | 1 | 2 | 3 | 4 | 5 |

## TASKS OF THE DAY

- _____
- _____
- _____
- _____
- _____
- _____
- _____
- _____
- _____
- _____

Date:_____                          Day:_____

## TOP PRIORITY TASKS

- _____
- _____
- _____
- _____
- _____
- _____
- _____
- _____
- _____
- _____

"IF YOU WANT TO CHANGE THE
WORLD, START WITH YOURSELF."

*- MAHATMA GANDHI -*

## TODAY, I AM GRATEFUL FOR...

_____
_____
_____
_____

## NOTES

_____
_____
_____
_____
_____
_____
_____
_____

How productive were you today?  | 1 | 2 | 3 | 4 | 5 |

## TASKS OF THE DAY

- _____
- _____
- _____
- _____
- _____
- _____
- _____
- _____
- _____
- _____

Date:_____                                    Day:_____

## TOP PRIORITY TASKS

- _____
- _____
- _____
- _____
- _____
- _____
- _____
- _____
- _____
- _____

"THE UNEXAMINED LIFE IS NOT WORTH LIVING."

~ SOCRATES ~

## TODAY, I AM GRATEFUL FOR..

_____
_____
_____
_____

## NOTES

_____
_____
_____
_____
_____
_____
_____
_____
_____

How productive were you today?   | 1 | 2 | 3 | 4 | 5 |

## TASKS OF THE DAY

- _____
- _____
- _____
- _____
- _____
- _____
- _____
- _____
- _____
- _____

Date:_____          Day:_____

## TOP PRIORITY TASKS

- _____
- _____
- _____
- _____
- _____
- _____
- _____
- _____
- _____
- _____

"WITHOUT DEVIATION FROM THE NORM, PROGRESS IS NOT POSSIBLE."

*- FRANK ZAPPA -*

## TODAY, I AM GRATEFUL FOR...

_____
_____
_____
_____

## NOTES

_____
_____
_____
_____
_____
_____
_____
_____
_____

How productive were you today?   | 1 | 2 | 3 | 4 | 5 |

## TASKS OF THE DAY

- _____
- _____
- _____
- _____
- _____
- _____
- _____
- _____
- _____

Date:_____ Day:_____

## TOP PRIORITY TASKS

- _____
- _____
- _____
- _____
- _____
- _____
- _____
- _____
- _____
- _____

*"TO BE YOURSELF IN A WORLD THAT IS CONSTANTLY TRYING TO MAKE YOU SOMETHING ELSE IS THE GREATEST ACCOMPLISHMENT."*

*~ RALPH WALDO EMERSON ~*

## TODAY, I AM GRATEFUL FOR..

_____
_____
_____
_____

## NOTES

_____
_____
_____
_____
_____
_____
_____
_____
_____

How productive were you today? | 1 | 2 | 3 | 4 | 5 |

## TASKS OF THE DAY

- _____
- _____
- _____
- _____
- _____
- _____
- _____
- _____
- _____
- _____

Date:_____     Day:_____

## TOP PRIORITY TASKS

- _____
- _____
- _____
- _____
- _____
- _____
- _____
- _____
- _____
- _____

"IT IS NOT HOW OLD YOU ARE,
BUT HOW YOU ARE OLD."

*- JULES RENARD -*

## TODAY, I AM GRATEFUL FOR...

_____

_____

_____

_____

## NOTES

_____
_____
_____
_____
_____
_____
_____
_____
_____

How productive were you today?   | 1 | 2 | 3 | 4 | 5 |

## TASKS OF THE DAY

- _____
- _____
- _____
- _____
- _____
- _____
- _____
- _____
- _____

Date:_____          Day:_____

## TOP PRIORITY TASKS

- _____
- _____
- _____
- _____
- _____
- _____
- _____
- _____
- _____
- _____

## TODAY, I AM GRATEFUL FOR..

_____
_____
_____
_____

## NOTES

_____
_____
_____
_____
_____
_____
_____
_____

How productive were you today?   | 1 | 2 | 3 | 4 | 5 |

## TASKS OF THE DAY

- _____
- _____
- _____
- _____
- _____
- _____
- _____
- _____
- _____
- _____

Date:_____                    Day:_____

## TOP PRIORITY TASKS

- _____
- _____
- _____
- _____
- _____
- _____
- _____
- _____
- _____
- _____

> "THE WOUND IS THE PLACE WHERE
> THE LIGHT ENTERS YOU."
>
> *- RUMI -*

## TODAY, I AM GRATEFUL FOR...

_____

_____

_____

_____

## NOTES

_____

_____

_____

_____

_____

_____

_____

_____

_____

How productive were you today?   | 1 | 2 | 3 | 4 | 5 |

## TASKS OF THE DAY

- _____
- _____
- _____
- _____
- _____
- _____
- _____
- _____
- _____
- _____

Date:_____          Day:_____

## TOP PRIORITY TASKS

- _____
- _____
- _____
- _____
- _____
- _____
- _____
- _____
- _____
- _____

"NEVER BE LIMITED BY OTHER
PEOPLE'S LIMITED IMAGINATIONS."

*- MAE JEMISON -*

## TODAY, I AM GRATEFUL FOR..

_____
_____
_____
_____

## NOTES

_____
_____
_____
_____
_____
_____
_____
_____
_____

How productive were you today?   | 1 | 2 | 3 | 4 | 5 |

## TASKS OF THE DAY

- _____
- _____
- _____
- _____
- _____
- _____
- _____
- _____
- _____
- _____

Date:_____ Day:_____

## TOP PRIORITY TASKS

- _____
- _____
- _____
- _____
- _____
- _____
- _____
- _____
- _____
- _____

"JUDGE A MAN BY HIS QUESTIONS
RATHER THAN BY HIS ANSWERS."

*~ VOLTAIRE ~*

## TODAY, I AM GRATEFUL FOR...

_____
_____
_____
_____
_____

## NOTES

_____
_____
_____
_____
_____
_____
_____
_____
_____

How productive were you today? | 1 | 2 | 3 | 4 | 5 |

## TASKS OF THE DAY

- _____
- _____
- _____
- _____
- _____
- _____
- _____
- _____
- _____
- _____

Date:_____          Day:_____

## TOP PRIORITY TASKS

- _____
- _____
- _____
- _____
- _____
- _____
- _____
- _____
- _____
- _____

> "TALENT HITS A TARGET NO ONE ELSE CAN HIT; GENIUS HITS A TARGET NO ONE ELSE CAN SEE."
>
> *- ARTHUR SCHOPENHAUER -*

## TODAY, I AM GRATEFUL FOR...

_____
_____
_____
_____

## NOTES

_____
_____
_____
_____
_____
_____
_____
_____
_____

How productive were you today?   | 1 | 2 | 3 | 4 | 5 |

## TASKS OF THE DAY

- _____
- _____
- _____
- _____
- _____
- _____
- _____
- _____
- _____
- _____

Date:_____ Day:_____

## TOP PRIORITY TASKS

- _____
- _____
- _____
- _____
- _____
- _____
- _____
- _____
- _____
- _____

"HISTORY WILL BE KIND TO ME
FOR I INTEND TO WRITE IT."

~ WINSTON CHURCHILL ~

### TODAY, I AM GRATEFUL FOR...

_____
_____
_____
_____

## NOTES

_____
_____
_____
_____
_____
_____
_____
_____
_____

How productive were you today? | 1 | 2 | 3 | 4 | 5 |

## TASKS OF THE DAY

- _____
- _____
- _____
- _____
- _____
- _____
- _____
- _____
- _____

# December

Date:_____     Day:_____

## TOP PRIORITY TASKS

- _____
- _____
- _____
- _____
- _____
- _____
- _____
- _____
- _____
- _____

WE ARE WHAT WE REPEATEDLY
DO. EXCELLENCE, THEN, IS NOT AN
ACT, BUT A HABIT."

*- WILL DURANT -*

## TODAY, I AM GRATEFUL FOR...

_____
_____
_____
_____
_____

## NOTES

_____
_____
_____
_____
_____
_____
_____
_____
_____

How productive were you today?  | 1 | 2 | 3 | 4 | 5 |

## TASKS OF THE DAY

- _____
- _____
- _____
- _____
- _____
- _____
- _____
- _____
- _____
- _____

Date:_____ Day:_____

## TOP PRIORITY TASKS

- _____
- _____
- _____
- _____
- _____
- _____
- _____
- _____
- _____
- _____

> "EVEN IF I KNEW THAT
> TOMORROW THE WORLD WOULD
> GO TO PIECES, I WOULD STILL
> PLANT MY APPLE TREE."
>
> *- MARTIN LUTHER -*

### TODAY, I AM GRATEFUL FOR...

_____
_____
_____
_____
_____

## NOTES

_____
_____
_____
_____
_____
_____
_____
_____

How productive were you today? | 1 | 2 | 3 | 4 | 5 |

## TASKS OF THE DAY

- _____
- _____
- _____
- _____
- _____
- _____
- _____
- _____
- _____

Date:_____          Day:_____

## TOP PRIORITY TASKS

- _____
- _____
- _____
- _____
- _____
- _____
- _____
- _____
- _____
- _____

"YOU CANNOT SHAKE HANDS
WITH A CLENCHED FIST."

*- INDIRA GANDHI -*

## TODAY, I AM GRATEFUL FOR...

_____
_____
_____
_____

## NOTES

_____
_____
_____
_____
_____
_____
_____
_____
_____

How productive were you today?   | 1 | 2 | 3 | 4 | 5 |

## TASKS OF THE DAY

- _____
- _____
- _____
- _____
- _____
- _____
- _____
- _____
- _____
- _____

Date:_____

Day _____

## TOP PRIORITY TASKS

- _____
- _____
- _____
- _____
- _____
- _____
- _____
- _____
- _____
- _____

"A SOCIETY GROWS GREAT WHEN
OLD MEN PLANT TREES WHOSE
SHADE THEY K
NOW THEY SHALL NEVER SIT IN."

*- GREEK PROVERB -*

### TODAY, I AM GRATEFUL FOR...

_____

_____

_____

_____

## NOTES

_____

_____

_____

_____

_____

_____

_____

_____

_____

| How productive were you today? | 1 | 2 | 3 | 4 | 5 |

## TASKS OF THE DAY

- _____
- _____
- _____
- _____
- _____
- _____
- _____
- _____
- _____
- _____

Date:_____          Day:_____

## TOP PRIORITY TASKS

- _____
- _____
- _____
- _____
- _____
- _____
- _____
- _____
- _____
- _____

"LIFE ISN'T ABOUT FINDING
YOURSELF. LIFE IS ABOUT
CREATING YOURSELF."

*- GEORGE BERNARD SHAW -*

## TODAY, I AM GRATEFUL FOR...

_____
_____
_____
_____

## NOTES

_____
_____
_____
_____
_____
_____
_____
_____
_____

How productive were you today?   | 1 | 2 | 3 | 4 | 5 |

## TASKS OF THE DAY

- _____
- _____
- _____
- _____
- _____
- _____
- _____
- _____
- _____
- _____

Date:_____

Day:_____

## TOP PRIORITY TASKS

- _____
- _____
- _____
- _____
- _____
- _____
- _____
- _____
- _____
- _____

"I AM NOT WHAT HAPPENED TO ME, I AM WHAT I CHOOSE TO BECOME.

*~ CARL JUNG ~*

### TODAY, I AM GRATEFUL FOR..

_____
_____
_____
_____
_____

## NOTES

_____
_____
_____
_____
_____
_____
_____
_____
_____

How productive were you today? | 1 | 2 | 3 | 4 | 5 |

## TASKS OF THE DAY

- _____
- _____
- _____
- _____
- _____
- _____
- _____
- _____
- _____
- _____

Date:_____ Day:_____

## TOP PRIORITY TASKS

- _____
- _____
- _____
- _____
- _____
- _____
- _____
- _____
- _____
- _____

"THE SOUL BECOMES DYED WITH
THE COLOR OF ITS THOUGHTS."

*- MARCUS AURELIUS -*

## TODAY, I AM GRATEFUL FOR...

_____
_____
_____
_____
_____

## NOTES

_____
_____
_____
_____
_____
_____
_____
_____

How productive were you today? | 1 | 2 | 3 | 4 | 5

## TASKS OF THE DAY

- _____
- _____
- _____
- _____
- _____
- _____
- _____
- _____
- _____
- _____

Date:_____     Day:_____

## TOP PRIORITY TASKS

- _____
- _____
- _____
- _____
- _____
- _____
- _____
- _____
- _____
- _____

"BE THE CHANGE THAT YOU WISH
TO SEE IN THE WORLD."

*~ MAHATMA GANDHI ~*

## TODAY, I AM GRATEFUL FOR...

_____
_____
_____
_____

## NOTES

_____
_____
_____
_____
_____
_____
_____
_____

How productive were you today?   | 1 | 2 | 3 | 4 | 5 |

## TASKS OF THE DAY

- _____
- _____
- _____
- _____
- _____
- _____
- _____
- _____
- _____
- _____

Date:_____ Day:_____

## TOP PRIORITY TASKS

- _____
- _____
- _____
- _____
- _____
- _____
- _____
- _____
- _____
- _____

> "EVERY MAN IS GUILTY OF ALL THE
> GOOD HE DID NOT DO."
>
> *- VOLTAIRE -*

## TODAY, I AM GRATEFUL FOR...

_____
_____
_____
_____
_____

## NOTES

_____
_____
_____
_____
_____
_____
_____
_____
_____

How productive were you today? | 1 | 2 | 3 | 4 | 5 |

## TASKS OF THE DAY

- _____
- _____
- _____
- _____
- _____
- _____
- _____
- _____
- _____
- _____

Date:_____                              Day:_____

## TOP PRIORITY TASKS

- _____
- _____
- _____
- _____
- _____
- _____
- _____
- _____
- _____
- _____

"IF YOU CAN'T EXPLAIN IT SIMPLY,
YOU DON'T UNDERSTAND IT
WELL ENOUGH."

*- ALBERT EINSTEIN -*

## TODAY, I AM GRATEFUL FOR..

_____

_____

_____

_____

## NOTES

_____
_____
_____
_____
_____
_____
_____
_____
_____

How productive were you today?   | 1 | 2 | 3 | 4 | 5 |

## TASKS OF THE DAY

- _____
- _____
- _____
- _____
- _____
- _____
- _____
- _____
- _____

Date:_____ Day:_____

## TOP PRIORITY TASKS

- _____
- _____
- _____
- _____
- _____
- _____
- _____
- _____
- _____
- _____

"WE DON'T SEE THINGS AS THEY
ARE, WE SEE THEM AS WE ARE."

*~ ANAÏS NIN ~*

## TODAY, I AM GRATEFUL FOR...

_____
_____
_____
_____

## NOTES

_____
_____
_____
_____
_____
_____
_____
_____

How productive were you today?   | 1 | 2 | 3 | 4 | 5 |

## TASKS OF THE DAY

- _____
- _____
- _____
- _____
- _____
- _____
- _____
- _____
- _____
- _____

Date:_____

Day:_____

## TOP PRIORITY TASKS

- _____
- _____
- _____
- _____
- _____
- _____
- _____
- _____
- _____

"YOU EITHER DIE A HERO, OR
YOU LIVE LONG ENOUGH TO SEE
YOURSELF BECOME THE VILLAIN."

*- HARVEY DENT -*

## TODAY, I AM GRATEFUL FOR..

_____
_____
_____
_____

## NOTES

_____
_____
_____
_____
_____
_____
_____
_____

How productive were you today? | 1 | 2 | 3 | 4 | 5 |

## TASKS OF THE DAY

- _____
- _____
- _____
- _____
- _____
- _____
- _____
- _____
- _____
- _____

Date:_____          Day:_____

## TOP PRIORITY TASKS

- _____
- _____
- _____
- _____
- _____
- _____
- _____
- _____
- _____
- _____

## TODAY, I AM GRATEFUL FOR...

_____

_____

_____

_____

_____

## NOTES

_____

_____

_____

_____

_____

_____

_____

_____

_____

_____

How productive were you today?   | 1 | 2 | 3 | 4 | 5 |

## TASKS OF THE DAY

- _____
- _____
- _____
- _____
- _____
- _____
- _____
- _____
- _____
- _____

Date:_____ Day:_____

## TOP PRIORITY TASKS

- _____
- _____
- _____
- _____
- _____
- _____
- _____
- _____
- _____
- _____

> "THE WEAK CAN NEVER FORGIVE. FORGIVENESS IS THE ATTRIBUTE OF THE STRONG."
>
> *- MAHATMA GANDHI -*

### TODAY, I AM GRATEFUL FOR...

_____
_____
_____
_____

## NOTES

_____
_____
_____
_____
_____
_____
_____

How productive were you today?  | 1 | 2 | 3 | 4 | 5 |

## TASKS OF THE DAY

- _____
- _____
- _____
- _____
- _____
- _____
- _____
- _____
- _____
- _____

Date:_____ Day:_____

## TOP PRIORITY TASKS

- _____
- _____
- _____
- _____
- _____
- _____
- _____
- _____
- _____

"DREAMS ARE THE TOUCHSTONES
OF OUR CHARACTERS."

*- HENRY DAVID THOREAU -*

### TODAY, I AM GRATEFUL FOR...

_____
_____
_____
_____

## NOTES

_____
_____
_____
_____
_____
_____
_____
_____
_____

How productive were you today?  | 1 | 2 | 3 | 4 | 5 |

## TASKS OF THE DAY

- _____
- _____
- _____
- _____
- _____
- _____
- _____
- _____
- _____
- _____

Date:_____ Day:_____

## TOP PRIORITY TASKS

- _____
- _____
- _____
- _____
- _____
- _____
- _____
- _____
- _____
- _____

## TODAY, I AM GRATEFUL FOR..

_____
_____
_____
_____
_____

## NOTES

_____
_____
_____
_____
_____
_____
_____
_____
_____

How productive were you today? | 1 | 2 | 3 | 4 | 5

## TASKS OF THE DAY

- _____
- _____
- _____
- _____
- _____
- _____
- _____
- _____
- _____
- _____

Date:_____          Day:_____

## TOP PRIORITY TASKS

- _____
- _____
- _____
- _____
- _____
- _____
- _____
- _____
- _____
- _____

"UNTIL THE LION LEARNS HOW TO WRITE, EVERY STORY WILL GLORIFY THE HUNTER."

*- AFRICAN PROVERB -*

## TODAY, I AM GRATEFUL FOR...

_____
_____
_____
_____

## NOTES

_____
_____
_____
_____
_____
_____
_____
_____
_____
_____

How productive were you today?   | 1 | 2 | 3 | 4 | 5 |

## TASKS OF THE DAY

- _____
- _____
- _____
- _____
- _____
- _____
- _____
- _____
- _____
- _____

Date:_____

Day:_____

## TOP PRIORITY TASKS

- _____
- _____
- _____
- _____
- _____
- _____
- _____
- _____
- _____
- _____

"IT IS NOT ENOUGH TO WIN A WAR;
IT IS MORE IMPORTANT TO ORGANIZE
THE PEACE."

*~ ARISTOTLE ~*

## TODAY, I AM GRATEFUL FOR...

_____

_____

_____

_____

## NOTES

_____
_____
_____
_____
_____
_____
_____
_____
_____
_____

How productive were you today? | 1 | 2 | 3 | 4 | 5

## TASKS OF THE DAY

- _____
- _____
- _____
- _____
- _____
- _____
- _____
- _____
- _____
- _____

Date:_____ Day:_____

## TOP PRIORITY TASKS

- _____
- _____
- _____
- _____
- _____
- _____
- _____
- _____
- _____
- _____

"THE TRUE SIGN OF INTELLIGENCE
IS NOT KNOWLEDGE BUT
IMAGINATION."

*- ALBERT EINSTEIN -*

### TODAY, I AM GRATEFUL FOR...

_____
_____
_____
_____

## NOTES

_____
_____
_____
_____
_____
_____
_____
_____
_____

How productive were you today? | 1 | 2 | 3 | 4 | 5 |

## TASKS OF THE DAY

- _____
- _____
- _____
- _____
- _____
- _____
- _____
- _____
- _____
- _____

Date:_____       Day:_____

## TOP PRIORITY TASKS

- _____
- _____
- _____
- _____
- _____
- _____
- _____
- _____
- _____
- _____

> "THERE ARE NO FACTS, ONLY
> INTERPRETATIONS."
>
> *- FRIEDRICH NIETZSCHE -*

### TODAY, I AM GRATEFUL FOR..

_____
_____
_____
_____
_____

## NOTES

_____
_____
_____
_____
_____
_____
_____
_____

How productive were you today? | 1 | 2 | 3 | 4 | 5 |

## TASKS OF THE DAY

- _____
- _____
- _____
- _____
- _____
- _____
- _____
- _____
- _____
- _____

Date:_____          Day:_____

## TOP PRIORITY TASKS

- _____
- _____
- _____
- _____
- _____
- _____
- _____
- _____
- _____
- _____

"TIME IS THE WISEST COUNSELLOR OF ALL."

*- PERICLES -*

### TODAY, I AM GRATEFUL FOR...

_____
_____
_____
_____
_____

## NOTES

_____
_____
_____
_____
_____
_____
_____
_____
_____
_____

How productive were you today?   | 1 | 2 | 3 | 4 | 5 |

## TASKS OF THE DAY

- _____
- _____
- _____
- _____
- _____
- _____
- _____
- _____
- _____
- _____

Date:_____          Day:_____

## TOP PRIORITY TASKS

- _____
- _____
- _____
- _____
- _____
- _____
- _____
- _____
- _____
- _____

> "EVERY ACTION YOU TAKE IS A
> VOTE FOR THE TYPE OF PERSON YOU
> WISH TO BECOME."
>
> *- JAMES CLEAR -*

## TODAY, I AM GRATEFUL FOR...

_____
_____
_____
_____

## NOTES

_____
_____
_____
_____
_____
_____
_____
_____
_____

How productive were you today?   | 1 | 2 | 3 | 4 | 5 |

## TASKS OF THE DAY

- _____
- _____
- _____
- _____
- _____
- _____
- _____
- _____
- _____
- _____

Date:_____

Day:_____

## TOP PRIORITY TASKS

- _____
- _____
- _____
- _____
- _____
- _____
- _____
- _____
- _____
- _____

## TODAY, I AM GRATEFUL FOR...

_____

_____

_____

_____

## NOTES

_____

_____

_____

_____

_____

_____

_____

_____

_____

How productive were you today?  | 1 | 2 | 3 | 4 | 5 |

## TASKS OF THE DAY

- _____
- _____
- _____
- _____
- _____
- _____
- _____
- _____
- _____
- _____

Date:_____

Day:_____

## TOP PRIORITY TASKS

- _____
- _____
- _____
- _____
- _____
- _____
- _____
- _____
- _____
- _____

"LET US NEVER NEGOTIATE OUT
OF FEAR. BUT LET US NEVER FEAR
TO NEGOTIATE."

*- JOHN F. KENNEDY -*

### TODAY, I AM GRATEFUL FOR...

_____
_____
_____
_____

## NOTES

_____
_____
_____
_____
_____
_____
_____
_____
_____

How productive were you today?  | 1 | 2 | 3 | 4 | 5 |

## TASKS OF THE DAY

- _____
- _____
- _____
- _____
- _____
- _____
- _____
- _____
- _____
- _____

Date:_____          Day:_____

## TOP PRIORITY TASKS

- _____
- _____
- _____
- _____
- _____
- _____
- _____
- _____
- _____
- _____

"WHAT WE ACHIEVE INWARDLY WILL
CHANGE OUTER REALITY."

*- PLUTARCH -*

## TODAY. I AM GRATEFUL FOR...

_____

_____

_____

_____

## NOTES

_____
_____
_____
_____
_____
_____
_____
_____
_____

How productive were you today?    | 1 | 2 | 3 | 4 | 5 |

## TASKS OF THE DAY

- _____
- _____
- _____
- _____
- _____
- _____
- _____
- _____
- _____
- _____

Date:_____          Day:_____

## TOP PRIORITY TASKS

- _____
- _____
- _____
- _____
- _____
- _____
- _____
- _____
- _____
- _____

"EDUCATION IS THE MOST
POWERFUL WEAPON WHICH YCU
CAN USE TO CHANGE THE WORLD."

*~ NELSON MANDELA ~*

## TODAY, I AM GRATEFUL FOR..

_____
_____
_____
_____
_____

## NOTES

_____
_____
_____
_____
_____
_____
_____
_____
_____

How productive were you today?  | 1 | 2 | 3 | 4 | 5 |

## TASKS OF THE DAY

- _____
- _____
- _____
- _____
- _____
- _____
- _____
- _____
- _____
- _____

Date:_____                          Day:_____

## TOP PRIORITY TASKS

- _____
- _____
- _____
- _____
- _____
- _____
- _____
- _____
- _____
- _____

"ALL THAT WE SEE OR SEEM IS BUT
A DREAM WITHIN A DREAM."

*- EDGAR ALLAN POE -*

## TODAY, I AM GRATEFUL FOR...

_____
_____
_____
_____
_____

## NOTES

_____
_____
_____
_____
_____
_____
_____
_____
_____

How productive were you today?   | 1 | 2 | 3 | 4 | 5 |

## TASKS OF THE DAY

- _____
- _____
- _____
- _____
- _____
- _____
- _____
- _____
- _____
- _____

Date:_____          Day:_____

## TOP PRIORITY TASKS

- _____
- _____
- _____
- _____
- _____
- _____
- _____
- _____
- _____
- _____

"WE MUST BE THE GREAT ARSENAL
OF DEMOCRACY."

*- FRANKLIN D. ROOSEVELT -*

## TODAY, I AM GRATEFUL FOR...

_____
_____
_____
_____

## NOTES

_____
_____
_____
_____
_____
_____
_____
_____

How productive were you today?   | 1 | 2 | 3 | 4 | 5 |

## TASKS OF THE DAY

- _____
- _____
- _____
- _____
- _____
- _____
- _____
- _____
- _____
- _____

Date:_____          Day:_____

## TOP PRIORITY TASKS

- _____
- _____
- _____
- _____
- _____
- _____
- _____
- _____
- _____
- _____

> "HE WHO OPENS A SCHOOL DOOR,
> CLOSES A PRISON."
>
> *- VICTOR HUGO -*

## TODAY, I AM GRATEFUL FOR...

_____
_____
_____
_____

## NOTES

_____
_____
_____
_____
_____
_____
_____
_____

How productive were you today?  | 1 | 2 | 3 | 4 | 5 |

## TASKS OF THE DAY

- _____
- _____
- _____
- _____
- _____
- _____
- _____
- _____
- _____
- _____

Date:_____          Day:_____

## TOP PRIORITY TASKS

- _____
- _____
- _____
- _____
- _____
- _____
- _____
- _____
- _____
- _____

"HE WHO LEARNS BUT DOES NOT THINK, IS LOST. HE WHO THINKS BUT DOES NOT LEARN IS IN GREAT DANGER."

*- CONFUCIUS -*

## TODAY, I AM GRATEFUL FOR...

_____
_____
_____
_____

## NOTES

_____
_____
_____
_____
_____
_____
_____
_____

How productive were you today?   | 1 | 2 | 3 | 4 | 5 |

## TASKS OF THE DAY

- _____
- _____
- _____
- _____
- _____
- _____
- _____
- _____
- _____
- _____

Date:_____ Day:_____

## TOP PRIORITY TASKS

- _____
- _____
- _____
- _____
- _____
- _____
- _____
- _____
- _____
- _____

"TO EDUCATE A MAN IN MIND AND
NOT IN MORALS IS TO EDUCATE A
MENACE TO SOCIETY."

*- THEODORE ROOSEVELT -*

## TODAY, I AM GRATEFUL FOR...

_____

_____

_____

_____

## NOTES

_____
_____
_____
_____
_____
_____
_____
_____
_____

How productive were you today? | 1 | 2 | 3 | 4 | 5 |

## TASKS OF THE DAY

- _____
- _____
- _____
- _____
- _____
- _____
- _____
- _____
- _____

# PROJECTS

Use this section to plan and
to keep a track of your projects
from start to finish.

"

# IF YOU GET TIRED LEARN TO REST NOT TO QUIT

"

# PROJECT_____

## GOALS OF THE PROJECT

◯ ACHIVED   ◑ PARTIALLY ACHIVED

- ⊖ _____
- ⊖ _____
- ⊖ _____
- ⊖ _____
- ⊖ _____
- ⊖ _____
- ⊖ _____
- ⊖ _____
- ⊖ _____
- ⊖ _____

## IDEAS AND RESOURCES

_____
_____
_____
_____
_____
_____
_____
_____
_____

# TASKS AND ACTIVITIES

- ⊖
- ⊖
- ⊖
- ⊖
- ⊖
- ⊖
- ⊖
- ⊖
- ⊖
- ⊖
- ⊖
- ⊖
- ⊖
- ⊖
- ⊖
- ⊖
- ⊖
- ⊖
- ⊖
- ⊖
- ⊖
- ⊖
- ⊖
- ⊖
- ⊖

● ACHIVED          ⊖ PARTIALLY ACHIVED

# PROJECT PLANNER

PRICRITY | H | M | L

PROGRESS

10%                    100%

PROJECT

CLIENT

START DATE                DUE DATE

## PROJECT BREIF